IoT

時代の
サイバーセキュリ

制御システムの脆弱性
安全性・堅牢性確

技術研究組合制御システムセキュリティセン

NTS

はじめに

　コンピュータというと情報系のイメージが強い。しかしながら、1970年代初頭のマイコン登場以来、家電にも自動車にもマイコンが搭載されている。2000年代には組込系という言葉が流行ったが、ここでは制御系と呼ぼう。

　この制御系は、電力、ガス、水道、交通系などの社会インフラにも使われている。見渡せば、身の回りのあらゆるものにマイコンが搭載されている。それが、21世紀になってネットワーク化されつつある。

　ネットワーク化とサイバー攻撃は裏腹の関係である。もはや誰もPCやスマホがサイバー攻撃とは無縁だと思ってはいないだろう。同様に、マイコン化された社会インフラ、家電、自動車も、サイバー攻撃とは無縁ではない。

　情報系への攻撃による被害は情報漏洩と情報破壊が中心である。しかし、制御系では物理的な破壊や環境汚染につながる恐れもある。その恐れが現実になったものが、2010年の「Stuxnet」（スタックスネット）である。イランのウラン濃縮工場が攻撃されて、遠心分離機が数千本破壊されたと伝えられている。これを起点にして、このような攻撃から制御系を守る活動が加速化された。

　本書では、2012年に設立された技術研究組合制御システムセキュリティセンター（CSSC：Control System Security Center）の活動を中心に、制御系のサイバー攻撃に対する防御の動向をまとめたものである。

　第1章は、IoT化と制御システムセキュリティの関係である。モノのインターネット化であるIoTは現在大きな注目を集めている。極端に言えば、すべての物をインターネットにつなげようという流れである。これまで、つながないことでサイバーセキュリティ対策を講じてこなかった事業所がインターネットに依存することになる。その意味で、対策は必須であり、避けて通れない。

　第2章は制御システムの解説である。身近なもの、依存しているライフラインを構成するものとして制御系があるにもかかわらず、その理解は十分ではない。同様に、制御系に従事する人々も情報系の知識は十分ではない。そこで、本書で扱う制御系の概要を説明し、その後の議論の理解を深める。

第 3 章は、サイバー攻撃の動向である。敵を知り、己をしることが兵法の極意なら、攻撃者目線に立った対策を講じる必要がある。実は守りと攻撃は、常に裏腹の関係である。新しい攻撃に守りを講じれば、それを上回る攻撃手法が生み出される。常に、どのような攻撃があるのか、把握しておく必要がある。

　制御系と攻撃動向を把握いただいた後が第 4 章からの対策の動向である。これは主に CSSC で開発された対策法である。そして、CSSC では常に複数の対策を用意している。これは、対策法が 1 つであれば、それを上回る攻撃法を構築することは容易だからである。複数あれば、右か左か、どちらの対策がされているか、攻撃者は探ることから始めなければならない。

　第 5 章は CSSC を取り巻く各機関の動向である。なにもかもを CSSC が担うことはできない。関係機関の活動があって、初めて対策の実効性が上がってくる。ここでは、実効的な司令塔の役割を担っている IPA（情報処理推進機構）と、そこと連携して対策を進めている JPCERT/CC の動向を解説していただく。併せて、社会インフラ以外の取組みとして自動車自体のサイバーセキュリティ対策を解説していただく。

　実は、この対策の実務に取り掛かっている研究者・技術者は日々の守りの活動に心身をすり減らしている。その中で、本書という形で対策の足跡を記録に残すことができたことには、大きな喜びを感じる。執筆者各位に感謝するとともに、本書の企画をしていただいた㈱エヌ・ティー・エスの編集者の皆さまに謝意を表する。同時に、本書に収録できなかった関係機関や関係者の日ごろからご支援に感謝する。

　最後に読者の皆様には、本書から制御系のサーバーセキュリティ動向を読み取って各自の専門領域で活用していただきたい。同時に、CSSC や関連機関の活動にご理解いただくとともに、ご支援をお願いしたい。感謝。

　2018 年 10 月

　　　　　　　　　　　　　　　　　　　　　　　　　　新　　誠一

■ 執筆者一覧 （執筆順）

新　誠一　電気通信大学大学院情報理工学研究科　教授
　　　　　技術研究組合制御システムセキュリティセンター　理事長

村瀬一郎　技術研究組合制御システムセキュリティセンター　事務局長

目黒有輝　東北インフォメーション・システムズ株式会社
　　　　　営業本部営業企画部セキュリティ推進課　副主任
　　　　　技術研究組合制御システムセキュリティセンター東北多賀城本部
　　　　　研究員

澤田賢治　電気通信大学 i–パワードエネルギー・システム研究センター
　　　　　准教授

市川幸宏　三菱電機株式会社情報総合研究所
　　　　　情報セキュリティ技術部開発第 1 グループ　主席研究員

高橋　信　東北大学大学院工学研究科　教授
　　　　　情報研究組合システムセキュリティーセンター　東北多賀城本部長

片岡　晃　独立行政法人情報処理推進機構
　　　　　社会基盤センター　センター長
　　　　　（元　産業サイバーセキュリティセンター　副センター長）

中谷昌幸　一般社団法人 JPCERT コーディネーションセンター
　　　　　制御システムセキュリティ対策グループ　マネージャ

伊藤　寛　一般財団法人日本自動車研究所 ITS 研究部　主席研究員

目次

はじめに ……………………………………………………………… *3*

執筆者一覧 …………………………………………………………… *5*

第1章　IoTと制御システムセキュリティの概要（新　誠一）…… *11*
  1　はじめに ……………………………………………………… *12*
  2　制御系 ………………………………………………………… *14*
  3　IoT …………………………………………………………… *16*
  4　セキュリティ問題 …………………………………………… *18*
  5　対策 …………………………………………………………… *22*
  6　まとめ ………………………………………………………… *26*

第2章　制御システムの典型的システム構成（村瀬一郎）…… *31*
  1　制御システムの定義と構成例 ……………………………… *32*
  2　コントローラの種類 ………………………………………… *33*
  3　制御システムの位置づけ …………………………………… *35*
  4　制御システムの分類 ………………………………………… *36*
  5　鉄道制御システム …………………………………………… *37*
  6　電力制御システム …………………………………………… *41*
  7　スマートメーターシステム ………………………………… *45*
  8　化学・石油分野の制御システムの特徴 …………………… *50*
  9　ガス制御システム …………………………………………… *56*

IoT時代のサイバーセキュリティ　　7

第3章　脅威の動向（目黒有輝）················· 65

1　脅威と脆弱性 ···································· 66
2　サイバーセキュリティの3要素 ················· 66
3　制御システムの現状と課題 ····················· 68
4　制御システムのセキュリティインシデント動向 ········· 71
5　攻撃者と攻撃パターン ·························· 74
6　制御システムを対象としたマルウェア ·············· 76
7　海外のセキュリティインシデント事例 ·············· 81
8　日本国内のセキュリティインシデント事例 ············ 94
9　新たな脅威動向 ······························· 94
10　まとめ ···································· 95

第4章　対策の動向 ····························· 101

1節　対策の概要（澤田賢治）····················· 102

1　概要 ······································· 102
2　制御システム全体から見たセキュリティ対策 ········· 105
3　ベンダー ···································· 115
4　これからの備え ······························· 118

2節　ホワイトリスト（市川幸宏）··················· 120

1　ホワイトリストの技術概要 ····················· 120
2　ホワイトリストに関する製品と研究 ·············· 128
3　まとめ ····································· 136

3節 **早期警戒技術**（高橋　信）-------- *138*
  1　早期警戒技術の重要性 -------- *138*
  2　制御システムセキュリティの重要性 -------- *139*
  3　サイバー攻撃早期認識システム（CAeRS）-------- *142*
  4　今後の研究開発の方向性 -------- *158*

第5章　関連機関の取り組みの紹介 -------- *159*

1節 **独立行政法人情報処理推進機構**
　　による取り組み（片岡　晃）-------- *160*
  1　制御システムセキュリティの取り組み -------- *160*
  2　産業サイバーセキュリティセンターの概要と活動方針 -------- *171*
  3　おわりに -------- *177*

2節 **一般社団法人JPCERT コーディネーションセンター**
　　による取り組み（中谷昌幸）-------- *180*
  1　一般社団法人 JPCERT
　　　　　　コーディネーションセンターの概要 -------- *180*
  2　JPCERT/CC の活動から見る
　　　　　　制御システムの脅威の動向（概観）-------- *186*
  3　JPCERT/CC の制御システム
　　　　　　セキュリティに対する取り組み -------- *189*

IoT時代のサイバーセキュリティ　　9

3節 **自動車分野の取り組み**（伊藤　寛）——————— *198*

　1　自動車セキュリティ概要——————————— *198*

　2　産業用制御システム、ICT と自動車における

　　　セキュリティの比較——————————————— *201*

　3　自動車におけるセキュリティの取り組み概要———— *202*

　4　車載システムのセキュリティ——————————— *204*

　5　車載システムに関する国内外の標準化、

　　　ガイドライン、規制の動向——————————— *206*

　6　V2X 通信とセキュリティ————————————— *209*

　7　V2X 通信に関する国内外の標準化、

　　　ガイドライン、規制の動向——————————— *213*

索 引　——————————————————————————— *221*

第1章

IoTと制御システム
セキュリティの概要

1　はじめに

　世の中はIoTと騒がしい。IoT、Internet of Things、物のインターネット化である。分かったようで、分からない。さらに制御系。これは身近な存在でありながら、具体的に何かと問われると困る。そして、セキュリティである。安全・安心は皆の望み。それに関係しそうだが、何だか怖そうな話でもある。ここでは、IoT、制御系、セキュリティの三題噺をさせていただく。3つの表面を撫ぜるだけでは分かりにくい。少し、掘り下げて説明していこう。

　まずは、制御系。これは、コンピュータが乗ったものである。コンピュータは電子計算機、1946年に開発された真空管式のENIAC（Electronic Numerical Integrator and Computer）を出発点とするコンピュータが世界を変えた。そして、1cm角程度のシリコン基板に乗ったコンピュータがマイコン（マイクロコンピュータ）である。1972年に日本のビジコン社の依頼で米国インテル社が開発したマイコン、こいつが社会をさらに大きく変えた。シリコンに搭載されることで、堅牢、安価、低消費電力、小型なコンピュータが世に出た。シリコン上の知能である。

　若者が命より大切なスマートフォンも、昭和のオジサンが愛する自動車も、そしてオカーサンの牙城だった台所も現在はマイコンだらけである。何ごとも、ボタンを押せばチンとやってくれる。やってくれるもの、その仕事の頭脳がマイコンである。

　マイコンは自動車や家電だけでなく、仕事場、教育の場、遊びの場、スポーツの場を大きく変えている。いやいや、電車も、金融も、電気も、ガスも、水道も、何もかもがマイコンに繰られている。

この中で、生活を行うのに欠かせないものを重要インフラと呼んでいる。交通、通信、金融、電気、ガス、水道などである。日本では、これらは動いているのが当たり前。一旦止まれば、悲惨な状態になる。それどころか、2011年3月11日には大きな地震と、それに続く津波が岩手、宮城、福島三県の太平洋岸を襲い、重要インフラはすべて停止した。被災地以外の方々も電力や水などの不足で不便な生活を強いられた。コンピュータは情報世界の中心である。それだけなく、現実世界にも多大な影響力を及ぼしている。現実世界と結びついたマイコン、これをまとめて制御系と呼ぼう。

　コンピュータと物理世界を結びつけるとはどういうことかを掘り下げると、制御系の実態が見えてくる。すなわち、現実世界の状態を測定するセンサ、その情報に基づいて操作を決定するコンピュータ、そして現実世界への操作を実行するアクチュエータの3つの要素を基本としている。この3つからなる制御系がさらにネットワークにつながったものが「IoT」である。そして、ネットワークにつながっている以上、サイバー攻撃、すなわちネットワーク経由の攻撃に晒される。だから、サイバーセキュリティは今の時代避けて通れない大きな問題である。

　というわけで、IoT、制御系、セキュリティの三題噺は、日常生活の安心・安全を維持する上で不可欠なものである。詳細は、他の章に譲って、ここでは、アカデミックな立場から、三題噺の概要を解説していこう。

2　制御系

　制御という言葉は昔からあった。人の制御、環境の制御、風車の制御などである。この言葉は「制する」、「御する」という2つの単語からなっている。前者は、風や日照などの外力の影響を受けずに一定の状態を保つことであり、後者は思い通り動かすことである。身近な自動車でいえば、強風の中、ぶれずに真っすぐ走ることが「制する」であり、カーブ内の決められたコースを外れずに走ることが「御する」である。そして、この2つを合わせたものが「制御」である。

　もっとも、コンピュータが現れると、いささか事情が変わった。コンピュータを使った制御を電子制御と呼ぶが、これは、コンピュータのプログラムで動作が大きく変わる。このプログラムはソフトウェアとも呼ばれるが、コンピュータ以前の制御に比べると柔軟性が大幅に増加している（図1）。柔軟性に富み、安く、小さく、堅牢なマイコンを使った電子制御。それは急速に発展した。現在、家電や自動車だけでなく、生活に関わるあらゆるものがマイコン化された。時計も、眼鏡も、ペンも、黒板も、何もかもマイコン化である。

図1　物からものへ

もっとも、物である自動車や家電などにマイコンを載せただけでは意味がない。物の状態を測定するセンサが必要である。そして、そのセンサ情報から動作を決定するマイコン、マイコンの決定を受けて、物に働きかける駆動装置、アクチュエータが必要である。

　マイコンを上位概念であるプロセッサとして抽象化すれば、制御の基本構造は実世界を測定するセンサ、すなわちS、判断するプロセッサ、すなわちP、そして、実世界に働きかけるアクチュエータ、すなわちAの3つ、すなわち、SPAが電子制御を構成する要素である（**図2**）。

　マイコン化の大きな特徴は、プログラムという動作手順の記述である。制御系はセンサからの信号をマイコンが判断して、アクチュエータを操作する。この一連の作業が動作手順である。これは電子的に記述された文書であるので、簡単に書き換えることができる。例えば、摂氏20℃を下回ったらヒー

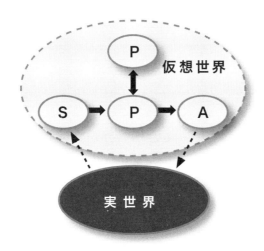

図2 電子制御

タがオンになるという簡単な手順があるとすれば、18℃でオンにすることも、30℃でオンにすることは簡単にできる。もちろんプログラムを書き換えれば、オンにするだけでなく、オフにすることもできる。

　このような柔軟性から、この動作手順はソフトウェアと呼ばれる。これに対して、センサやアクチュエータは簡単には変えられないので、ハードウェアと呼ばれる。ハードウェアとソフトウェア、実世界と仮想世界、この2つからなるものが電子制御である。

　変更しやすいソフトウェアは便利であるが、同時に変更される危険性を秘めている。どんな温度でもヒータがオンになるとすると、過熱して火傷を生じさせるかもしれない。それ以上に、火災に結びつく可能性もある。便利さと危険性は常に隣り合わせである。

3　IoT

　前項でハードウェアは変え難いと述べたが、IoTではいささか事情が異なる。SPAがセットというよりは、SPAがばらまかれているのがIoTのシステムである。1つの形態はSPAの機能を有する制御系がネットワークを通じて相互に連携しているものである。もう1つの形態としては、Sに特化したデバイス、Pに特化したデバイス、Aに特化したデバイスがネットワークと通して連携するものである（**図3**）。

　いずれにしても、Pはネットワーク上のSやAを自由に組み合わせて制御を行うことができる。もちろん、PのそばにあるSやAだけでなく、ネットワーク上なら世界のどこにあってもよい。単なる電子制御とIoTの違いは、電子

制御ではハードウェアとして扱われているSとPとAを、IoTでは自由に組み合わせることであるともいえる。

　手元に温度計がなければ、周りの温度計の平均値から自分の場所の温度を推測するとか、ヒータがなければカーテンを開けたり、ベントを閉じたりして温度調節ができる。そして、処理性能が足りなければ他所から借りてくるといった自由度が広がる。

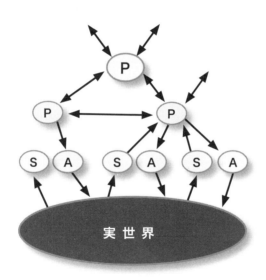

図3　IoT系

4 セキュリティ問題

　物をソフト化したのがマイコン化、それをつないで相互利用性を開いたのが IoT である。確かに便利になってきているが、同時に危険性が増していることにも留意しなければならない。これがセキュリティ問題、特にサイバーセキュリティ問題と呼ばれる。

　そもそも、P の機能を行うマイコン部は、コントローラとか、組込ボードと呼ばれる。この部分は S からの信号を受けて、P で判断し、A に指示を出すという作業を繰り返している。例えば、モータ制御では µs（マイクロ秒）、つまり、100 万分の 1 秒ごとの繰り返しを行う。自動車では ms（ミリ秒）、1,000 分の 1 秒単位で繰り返しを行う。このような周期的に決まった動作をするものをリアルタイム系と呼んでいる。ご承知のように、普通のパソコンやスマホでは、アプリの処理が終わる時間を規定できない。それに対して、コントローラ系、つまりリアルタイム系は SPA、SPA、SPA。決まった動作の周期的な繰り返しである。

　このため、プログラムをマイコンの動作命令である機械語に翻訳する機能であるコンパイラ、プログラム自体を編集する機能であるエディタ、プログラム中のバグ、すなわち間違いを見つける機能であるデバッカなどは、コントローラには一般に実装されていない。これらの機能は外部のパソコンにパッケージ化されている。このパッケージを開発ツールといい、パッケージがおかれているパソコンを開発用 PC という。それだけでなく、コントローラやセンサなどの動作をモニタしたり、コントローラの動作モードの変更や手動でアクチュエータを操作するための監視用 PC も接続されている。そして、コントロー

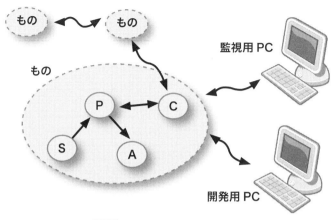

図4 ものとものの開発監視

ラとパソコンは通信回線を通して、データを送受信している（**図4**）。

つまり、コントローラは通信ポートを持っている。この通信方式には、昔はRS-232Cと呼ばれる低速のシリアル通信が用いられてきた。最近は、USBやイーサネットなどの一般でもお馴染みの通信方式が使われている。

コントローラはパソコンで使われているWindowsなどの汎用OSを使っていないので、サイバー攻撃は関係ないと主張される方がいる。それは間違いである。コントローラは、主にWindowsパソコンとつながれ、その上で動作する開発ツールを使ってコントローラ用プログラムが開発される。つまり、Windowsの弱さ、脆弱性、開発ツールの脆弱性を利用すれば、Pの部分に当たるコントローラの動作はどのようにでも変更できる。プログラム中の1行の変更、1文字の変更、1ビットの変更で、電子制御系の動作が劇的に変わる。これが、制御屋の醍醐味である。

それどころか、制御技術者の仕事は、このプログラムを頻繁に変更して最

適化することである。例えば、自動車のエンジン開発では、テストコースを一周するごとに制御のパラメータを変更して、エンジンやサスペンションの特性を究めていく。

　開発者の喜びは、動作手順次第で物の特性が大きく変わることである。そして、自分のやり方で従来にない特性を紡ぎ出せたときに、大きな満足を得る。逆に、開発者や開発者並みの知識を持つものが悪い企みを持てば、便利な機械は危険な凶器に変貌する可能性がある。

　マイコン化までは、このように危険性は個別のコントローラに留まっていたが、IoT化ではネットワーク越しの攻撃を想定しなければいけない。それがサイバー攻撃である。どこか遠くか、実は隣のブースか。視界に入っていない人、視界に入っている人、誰か分からない人や機械、または信頼していた人や機械から攻撃を受ける可能性がある。

　もう1つ、21世紀特有の問題も考慮しなければいけない。それは文書の電子化である。ひと昔前までは、文書は紙だった。設計図もマニュアルも紙だった。それが、今やすべてが電子化されている（図5）。

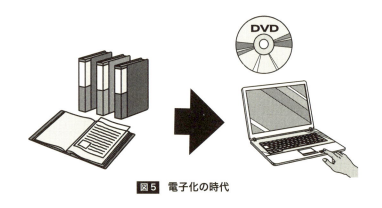

図5　電子化の時代

電子化された書籍は事業所のデータベースとして保存、閲覧されている。これらは、制御系とは別の、いわゆるオフィス系と呼ばれるネットワークに接続されている。つまり、通常のサイバー攻撃にさらされている。そして、これらの電子書籍であるファイルが流出する可能性がある。制御系のネットワーク図、制御系の維持管理マニュアル、緊急時の対処マニュアルなどが敵の手に渡れば、制御系のネットワークを攻撃するのはたやすい。

　しかも、IoT の時代である。誰もがインターネットにテザリングできるスマホを持ち歩いている時代である。手のひらサイズで、インターネットにつなげる装置が数千円で販売されている時代である。重要インフラの中に入ることができれば、それをコントローラにつなげることもさほど難しくはない。すなわち、20 世紀にエンジニアが命より大事にしていた「図面」が電子化されている。その電子図面が盗まれたら、サイバー攻撃から重要インフラを守ることは非常に難しい。

　さらに、サイバー攻撃の危険性を上げれば、独自 OS の消滅である。世の中では、Windows を嫌う人がいる。確かに、Windows には多数の脆弱性（攻撃ポイント）が見受けられる。ただし、これは Windows がメジャーな OS だからである。金融も、業務の基幹系も、製品の設計も、メジャーな OS は Windows である。この守りを突破すれば、皆が求める富も名声も自由も思いのままである。そのため、あらゆる手を使って Windows を攻撃する。だから、多数の脆弱性が暴かれている。

　もっとも、暴かれた脆弱性は Windows Update で修正されている。毎月、毎月アップデートである。それだけ、攻撃されて、修正されている。その意味では、簡単な攻撃では撃破できないレベルの OS である。

IoT時代のサイバーセキュリティ　　21

一方、独自 OS は世の中に知られていない。だから、誰も攻撃を仕掛けない。そして、脆弱性も明るみに出ていない。それは安全を意味しない。簡単な攻撃で撃破される可能性が高いことを物語っているに過ぎない。

　2010 年にイランのウラン濃縮工場への攻撃に使われた Stuxnet 騒動から、制御系の独自 OS が攻撃者の視野に入ってきている。今までは独自ということで攻撃に晒されていなかった。それゆえたくさんの脆弱性を抱えていることが露呈した。しかも、重要インフラや重要製品に使われており、この独自 OS への攻撃が株価の浮き沈み、製品価格の上下に直接影響を与えることが知れ渡ってしまった。

　加えて、独自 OS を持つ製品のいくつかは一般にも販売されている。さらに、古くなって破棄されたはずの制御装置が市場に出回っているし、予備品と呼ばれる補充品が死蔵されているケースもある。ターゲットの工場や製品を決めれば、その独自 OS を入手することは専門家には難しくない。入手した制御装置に周知の手法でサイバー攻撃を試せば、自ずと脆弱性が浮かび上がる。

　重要インフラの事業所、そして重要インフラに関わる製品を開発している事業所はサイバー攻撃に対する対策が不可欠である。次に対策について考えよう。

5　対策

　重要インフラのサイバーセキュリティ対策は、いくつかの階層で重層的に行われている。まず、内閣サイバーセキュリティセンター [1] が 13 分野を重要インフラとして指定している。これには、金融や通信などに加えて、電力、ガ

ス、水道など制御系と呼ぶのがふさわしい分野も含まれている。この中でも電力は2016年4月に小売りが自由化され、多数の会社が発電や小売りに参入している。電力というエネルギーを売買するネットワークであるが、売買量や発電や販売のスケジュールなど情報系の連携も必須である。

　つまり、数百の会社の機器が情報系とエネルギー系のネットワークでつながれているというのが、自由化の実態である。このため、1社が不調になれば、全体が不調になる可能性がある。同時に、1社へのサイバー攻撃が電力網全体の感染や不調を引き起こす可能性がある。このため、日本電気標準委員会[2]が参入した電力会社全体へのセキュリティガイドラインを2016年7月に発刊している。このガイドラインに呼応する形で経産省は省令を改正し、このガイドラインに沿った対策を各社に進めている。2017年3月にはサイバーセキュリティに関する情報共有を行う機関として電力ISAC (Information Sharing And Analysis Center)[3]を立ち上げている。

　並行して、情報処理推進機構[4]では、これまでサーバー、パソコンなどが主体だった脆弱性の届出制度を制御系まで拡大した。さらに、電力業界への脆弱性情報の優先提供も考慮中である。加えて、産業サイバーセキュリティセンターを設置し、2017年7月から守りの人材を養成する活動も始めている。さらに、2012年3月に設置された制御系セキュリティセンター (CSSC；Control System Security Center)[5]の活動もサポートしている。

　これらの詳細については、本書の別稿に譲り、ここではアカデミックな立場から対策を論じたい。サイバーセキュリティ対策は、アカデミックな立場からは「暗号化」、「認証」、「監視」が基本である。

　暗号化は、ある規則の下、平文を暗号文に変換および逆変換する技術で

あり、セキュリティの中心技術と長年考えられてきたものである。認証はパスワードが代表である。他に、指紋、静脈、虹彩などを用いて個人を認証したり、電子認証を用いてウェブサイトを認証したりする技術である。

監視は通信の頻度、通信の量、通信の相手先、通信の内容、通信の時期などの諸量を測定し、正常時との違いから攻撃を検知するものである。

また、情報技術は通信、蓄積、処理の３つの技術に分解できる。通信技術は、正にネットワーク化技術である。場所を越えて、現在を見ることが通信技術の根幹である。情報蓄積は情報をメモリーやデータベースに記憶させるものであり、過去の情報に相当する。

そして、情報処理はデータの解析、モデル化、最適化である。情報は集めるだけでは不十分で、何らかの目的に沿って解析する必要がある。代表的なものは統計解析である。さらに、数理解析の結果として数学モデルが得られると、シミュレーションができる。これで未来が見える。未来が見えれば、最適化をすることができる。

つまり、情報技術三段階と防御技術三段階の星取表を作れば、対策の進み具合を可視化できる（**図6**）。簡単に言えば、「通信は暗号化されているか？　認証が行われているか？　監視が行われているか？」であり、「通信は暗号化されているか？　蓄積は暗号化されているか？　処理は暗号化されているか？」である。

さらに、積極的な対策として遮断、仮想化、ヘテロ化を挙げたい。遮断は攻撃の被害を局所に留める対策である。これを行うためには、制御系ネットワークを遮断できるように分割（セグメント化）しておく必要がある。仮想化は、ネットワークやOS、アプリなどを仮想環境内で動作させることである。

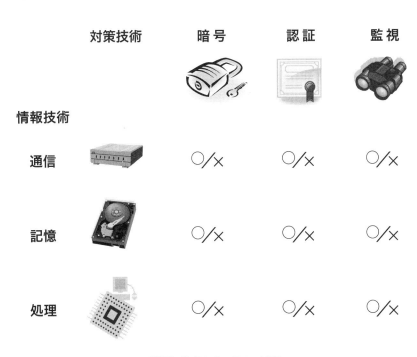

図6　情報セキュリティ対策

このような動作環境の外側から監視することで、異常を検知できるとともに、改変されたネットワーク、OS、アプリを簡単に初期化することも可能である。

　ヘテロ化については、少し説明を補う必要がある。セーフティでは二重化が愛されている。これは、**図7**に示すようにセンサの二重化、プロセッサの二重化、アクチュエータの二重化を通して故障時も無停止で動かす仕組みである。銀行や金融系では基幹系に用いられている。制御系でも、航空機や自動車の安全上重要な部分に使われている。もちろん、重要インフラでも肝心な部分は二重化がされている。

しかしながら、あくまで故障への対策である。サイバー攻撃を考えると、同一のハード、同一の OS、同一のアプリによる二重化は大変危険である。そこで、ヘテロ化である。**図 8** に示すように、同一の機能（ホモ）を別な機器（ヘテロ）で実現することをヘテロ化と呼びたい。先に述べた仮想化は実は同一なもの（ホモ）の上で複数の OS（ヘテロ）を動かすという形式である。考えようによっては、ヘテロ化と呼んでも良いように思える。

6　まとめ

以上、IoT とサイバーセキュリティの皮切りとして解説を行ったが、技術的な対策だけでは不十分である。セキュリティは情報セキュリティ、物理的セキュリティ、そして人のセキュリティに分解できる。これら運用面まで含めた対策が必要である。

さらに、一人者認証だけでは効果が薄い。自分で対策をして、自分で認証していても、信用できない。もちろん、納入先で検査することもあるだろう。これは、二人者検証である。独りよがりよりレベルが高いが、納入先と納入元という利害関係下での認証は公平性に疑問が残る。さらに、納入先は多数の納入元があるだろうし、納入元にしてみれば多数の納入先があるだろう。そして、部品ごとに、納入先ごとに検査基準が異なれば認証の負担は耐え難い。

そこで、三人者認証である。納入元とも納入先とも利害関係がない第三者による認証制度が不可欠である。それも、国際基準に沿ったグローバルな認証が好ましい。これらの詳細については別稿に譲りたいが、JIPDEC（Japan Information Processing Development Corporation；一般財

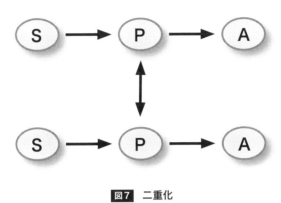

図7 二重化

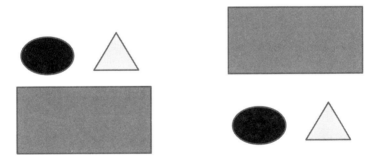

図8 ホモとヘテロ

団法人日本情報経済社会推進協会）[6] が CSMS（Cyber Security Management System）認証、CSSC が EDSA（Embedded Device Security Assurance）認証を行っている。

　このように、ものをネットワークにつなぐ IoT は、便利さを我々に提供してくれるが、それに伴う危険性も直視しなければならない。ここでは、その対策まで言及したが、対策には新たな攻撃がされる覚悟が必要である。完璧な対策はない。常に脅威情報に応じた見直しが必要である。PDCA（Plan、Do、Check、Action）を回すことが必須であり、CSMS 認証で一番重んじられるものの 1 つである。もう 1 つ対策として忘れていけないのは、リスクアナリシスである。制御系にどのようなリスクがあるかの解析は安全性では行われてきた。しかしながら、リスク要因としてサイバー攻撃が含まれていなかった。一方、情報システムではサイバー攻撃がリスク要因として考慮されてきたが、物理系への影響解析がされてこなかった。これまでの、故障や間違いなどのリスクにサイバー攻撃を加えること、そして、情報漏洩や情報破壊に加えて HSE（Health、Safety、Enviroment）、健康や火災、環境汚染までを含めたリスクアナリシスが必要である。まずは、このリスクアナリシスから始めて欲しい。最後に関連文献 7)-14) も参照いただければ幸いである。

<新　誠一>

【参考文献】

1) 内閣サイバーセキュリティセンター

　http://www.nisc.go.jp/active/infra/outline.html

2) 日本電気技術規格委員会

http://www.jesc.gr.jp/

3) 電力 ISAC

https://www.je-isac.jp/about/index.html

4) 情報処理推進機構

https://www.ipa.go.jp/

5) 制御システムセキュリティセンター

http://www.css-center.or.jp/

6) 日本情報経済社会推進協会

http://www.css-center.or.jp/

7) 新誠一：制御システムセキュリティの重要性と現状「第1回情報機器化する制御装置とセキュリティ対策」、日本原子力学会誌、56(7)、435-439（2014）

8) 新誠一：コントローラ、それはネットワーク機器、計測と制御、53(10)、885-887（2014）

9) 新誠一：スマートグリッドとセキュリティ、スマートグリッド、56(10)、21-27（2015）

10) 新誠一：社会インフラにおけるサイバーセキュリティ課題の全体像（総論として）、安全工学、54(6)、407-411（2015）

11) 新誠一：超スマート社会におけるサイバーセキュリティ、計測と制御、55(4)、300-302（2016）

12) 新誠一：社会インフラシステムにおけるセキュリティ対策、標準化と品質管理、69(7)、2-6（2016）

13) 新誠一：IoT を生かすためのセキュリティー、日経ものづくり、744、106-110（2016）

14) 新誠一：重要インフラのサイバーセキュリティ対策、エネルギー・資源、38(2)、17-20（2017）

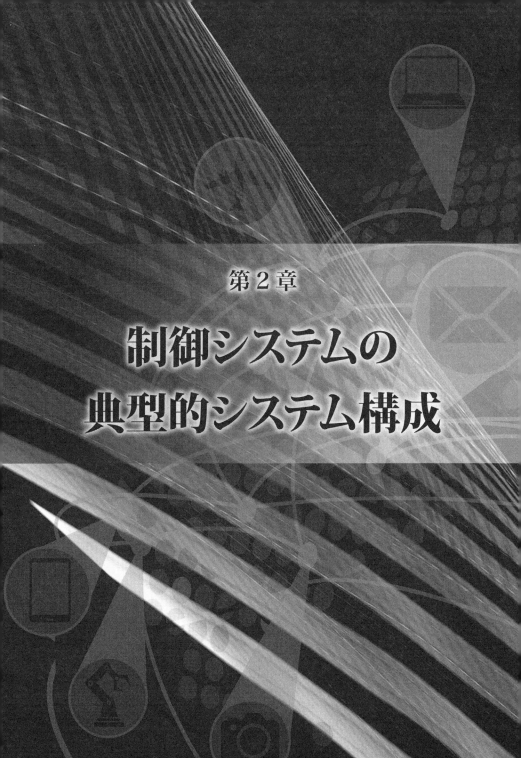

第2章
制御システムの典型的システム構成

本章では、本書で触れる制御システムの定義、典型的なシステム構成および分野毎の制御システムの特徴を述べる。

1　制御システムの定義と構成例

本書で触れる制御システムとは、工場、プラント、ビルなどを円滑に稼働させるためのサーバ、ネットワーク、端末、コントローラなどから構成される仕組みである。

図1に、典型的な制御システムの構成例を示す。

図1の構成要素は、以下のとおりである。
- HMI（Human Machine Interface）：操作員がコントローラを通して制御システムの監視や操作をするためのコンピュータ

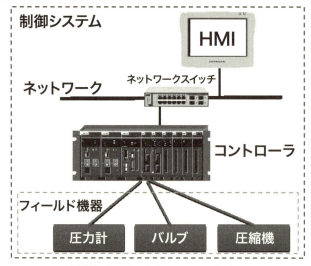

図1　典型的な制御システムの構成例

- ネットワーク：HMI やコントローラを接続して通信を行うための回線および通信機器
- コントローラ：フィールド機器を制御するコンピュータ
- フィールド機器：コントローラによって操作される対象（圧力計、バルブ、圧縮機など）

なお、フィールド機器は、センサとアクチュエータに分けることが一般的である。

センサとは、工場、プラント、ビルなどにおける物理的な状態を計測するための計測機器一般を指す。温度計、湿度計、加速度計、圧力計などが代表例である。アクチュエータとは、電気エネルギーなどの入力されたエネルギーを物理量に変換する機器である。バルブ、圧縮機以外に、タービン、ボイラ、工業用ロボット、エレベータ、空調機器、照明機器など、非常に多様である。ロボットなどのようにフィールド機器内部にコントローラを実装している機器もあり、コントローラとフィールド機器の関係も分野やシステムにより異なる。

2 コントローラの種類

コントローラは、PLC（Programmable Logic Controller）と DCS（Distributed Control System）に分けることができる。

PLC は、フィールド機器を制御するプログラムをエンジニアリング端末からダウンロードさせて利用する。

これに対して、DCS は、フィールド機器を制御するだけではなく、HMI も

含んだシステムとなっている。

図2および図3に、PLCとDCSの写真を示す。

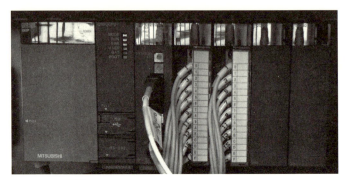

図2 CSSCが所有しているPLC（三菱電機製）

図3 CSSCが所有しているDCS（アズビル製）

3 制御システムの位置づけ

　工場やプラントにおいて、制御システムは情報系システムとも接続される場合がある。図4に、情報系システムと制御システムの関係を示す。

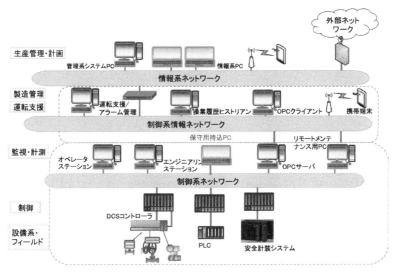

図4 情報システムと制御システムの関係

　図4において、制御システムは、制御系ネットワークを中心とする点線で囲まれている部分である。制御システムは、制御情報系ネットワークを介して、情報システム(情報系システム)と接続されることが一般的である。制御系ネットワークと制御情報系ネットワークは、OPC (OLE for Process Control)サーバとOPCクライアントにより接続されることが多い。これにより、生産管理データの送受信を行う。なお、制御情報系ネットワークは、情報系ネットワークと制御系ネットワークの間にDMZ (DeMilitarized Zone；非武装

地帯）として構築されることが一般的である。制御系情報ネットワークと情報系ネットワークの間には、ファイヤーウォールが設置され、中継サーバのみを介して制御系ネットワークと情報系ネットワーク間でパケット交換を行う仕組みとなっている。

OPC は、1996 年に米国 Microsoft 社と制御関連ベンダが策定した制御データの交換のための標準規格（1996 年には OPC DA が策定される）である。1998 年に設立された OPC ファウンデーションがその後の規格策定の中心となり、2007 年に OPC UA が発表された。

4　制御システムの分類

制御システムを分類する場合、多くの分類法があるが、ここでは制御方式に着目した分類について述べる。

制御方式に着目すると、①プロセス制御システム、②ディスクリート制御システム、③バッチ制御システムに分類できる。

① プロセス制御

プロセス制御による制御システムにおいては、主として液体である原料や素材を化学的変化させ、製品を生産する。化学、製鉄、水処理などの分野で利用される。これらの分野では、温度、圧力、原料組成、流量などの予め定められたプロセス状態値を保持するために制御する。

② ディスクリート制御

ディスクリート制御による制御システムにおいては、主として個体を組立などの加工を行い、製品を生産する。機械、自動車などの分野で利用される。

③ バッチ制御

バッチ制御による制御システムにおいては、同一設備や装置を使用し、多品種の製品を製造する。医療品、化学の一部（下流工程）などの分野で利用される。

5　鉄道制御システム

ここでは、内閣サイバーセキュリティセンター（NISC；National center of Incident readiness and Strategy for Cybersecurity）が定める重要インフラ[1]の1つである鉄道の制御システムについて述べる。はじめに、鉄道制御システムの歴史について述べる。その後、鉄道制御システムの概要、国内外における動向について述べる。

5.1　鉄道制御システムの歴史

日本では鉄道が非常に重要な交通機関となっており、2015年の鉄道旅客輸送量は中国、インドに次ぐ世界第3位である[2]。鉄道は人々の日々の生活に欠かせないインフラである一方、列車同士の衝突事故や脱線事故が発生した場合には人命に多大な影響が及ぶ。2005年4月25日に兵庫県尼崎市で発生したJR福知山線脱線事故により、乗員と乗客合わせて107名が死亡し、乗客562名が負傷した[3]ことは記憶に新しい。

日本において鉄道制御システムにおける保安の重要性がより強く認識されるようになったのは、1962年5月3日に東京都荒川区の常磐線三河島駅で発生し、160名が死亡、296名が負傷した列車脱線多重衝突事故であ

る[4]。この事故を契機として、ATS（Automatic Train Stop；自動列車防護装置）が開発され、当時の国鉄全線に導入された。さらには、1964 年に開業した東海道新幹線において、ATC（Automatic Train Control；自動列車制御装置）が導入された[5]。

5.2　鉄道制御システムの概要

　一般的な制御システムでは可用性が重視されるため、障害が発生しても機能を縮小して運転を継続させるフェールソフトの考えを採用する。一方、鉄道制御システムでは、［5.1］で述べたよう障害が発生すると人命に直結するため、システムを安全に停止させるフェールセーフの考えを採用する。

　図 5 に示すように、鉄道制御システムは、列車同士の衝突や脱線を防止して安全を保つ「保安システム」と、作成したダイヤに従って正確な運行を行うために信号機や分岐器を制御する「運行管理システム」の 2 つに分けることができる。

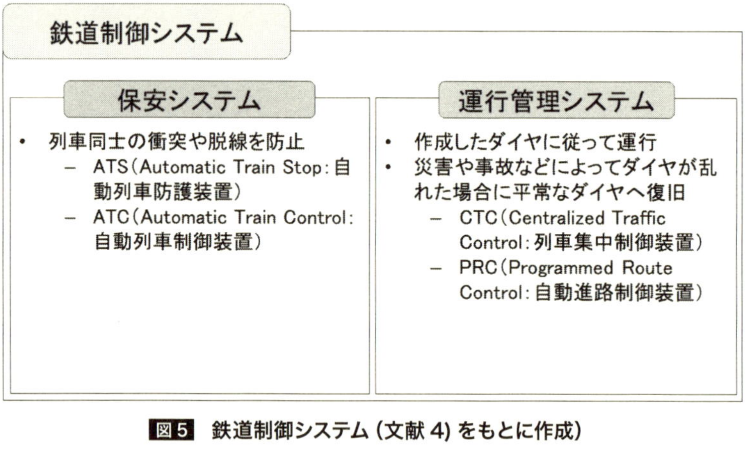

```
鉄道制御システム

  保安システム                    運行管理システム

  • 列車同士の衝突や脱線を防止      • 作成したダイヤに従って運行
    − ATS（Automatic Train Stop：自    • 災害や事故などによってダイヤが乱
      動列車防護装置）                    れた場合に平常なダイヤへ復旧
    − ATC（Automatic Train Control：       − CTC（Centralized Traffic
      自動列車制御装置）                      Control：列車集中制御装置）
                                           − PRC（Programmed Route
                                             Control：自動進路制御装置）
```

図5　鉄道制御システム（文献 4）をもとに作成）

38　　第 2 章　　制御システムの典型的システム構成

5.2.1 保安システム

保安システムは、列車同士の衝突や脱線を防止して安全を保つためのシステムであり、[5.1]で記載したATSやATCがある。

● ATS（Automatic Train Stop；自動列車防護装置）

信号機が運転士に停止の指示を出したにもかかわらず進行した場合に警報を鳴らし、自動的にブレーキをかけて列車を停止させる。方式により、ATS-S形やATS-P形などに分類される。

● ATC（Automatic Train Control；自動列車制御装置）

ATSでは、信号を確認する主体はあくまで運転士であり、ATSは運転士のバックアップという位置づけである。一方、ATCでは列車自体に設置された装置が信号を受信し、走行速度と比較することによって速度を自動で調節する。方式により、アナログATCやディジタルATCに分類される。

5.2.2 運行管理システム

運行管理システムは、作成したダイヤに従って正確な運行を行うために信号機や分岐器を制御するため、また、災害や事故などによってダイヤが乱れた場合に平常なダイヤへ復旧させるためのシステムであり、以下のCTCやPRCがある[6]。

● CTC（Centralized Traffic Control：列車集中制御装置）

各駅で信号機や分岐器を操作していた作業員を中央のセンターに集約し、センターから一括で各駅の制御を行うことにより合理化を図る装置である。

● PRC（Programmed Route Control：自動進路制御装置）

上記のCTCでは、中央のセンターに作業員を集約していたものの、信号

機や分岐器の操作を行う主体は人であった。これをコンピュータに置き換えることにより、業務の効率化を図る装置である。

現在は、旅客に運行状況などをリアルタイムに知らせる旅客案内システムや、災害や事故などによってダイヤが乱れた場合に平常なダイヤへ復旧するシステムなどと組み合わせた統合的な運行管理システムが主となっている。代表的なものとしては、JR東日本の東京圏輸送管理システム（ATOS；Autonomous decentralized Transport Operation control System）や東北・上越・長野新幹線の新幹線総合システム（COSMOS：Computerized Safety Maintenance and Operation Systems of Shinkansen）がある[6]。

5.3　国内外における動向

世界では、CBTC（Communication Based Train Control）に代表される無線式列車制御システムの導入が進んでいる。日本においても、JR東日本がATACS（Advanced Train Administration and Communications System）を開発し、2011年より宮城県のJR仙石線に導入している。2017年には埼京線においてもATACSを導入する予定となっている[7]。

また、海外、特に欧州においては統一された規格のもとに鉄道制御システムが開発されている。代表的なものとして、ERTMS（European Rail Traffic Management System；信号保安装置）やETCS（European Train Control System）がある。

6 電力制御システム

ここでは、内閣サイバーセキュリティセンター（NISC）が定める重要インフラ[1]の1つである電力の制御システムについて述べる。はじめに、背景について述べる。その後、電力制御システムの概要、電力制御システムセキュリティの動向について述べる。

6.1 背景

図6に示したように、発電所で作られた電気は送電線、変電所、配電線を通じて各家庭へと届けられる。

発電所や変電所が災害やサイバー攻撃により稼働停止に陥った場合、その被害の大きさは甚大なものとなる。2011年3月11日に発生した東日本大震災によって多くの発電所が停止し、大規模な停電に陥ったことは記憶に新しい。また、最近ではウクライナのチェルノブイリ原発がランサムウェアを

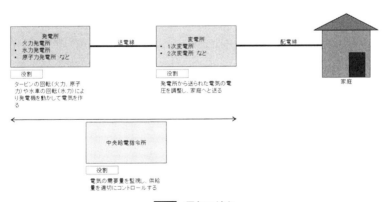

図6 電気の流れ

使用したサイバー攻撃を受けた事例もある[8]。

したがって、電力の安定供給のためには、これらの発電所や変電所を監視・制御するシステムが必要不可欠となる。次項では、発電所制御システムと系統制御システムに分けて述べる。

6.2 電力制御システムの概要

はじめに、発電所制御システムについて述べる。**図7**に発電所制御システムの構成を示す。

制御システムは、「情報エリア」、「制御エリア」、「現場エリア」の大きく3つのエリアに分けることができる。

● 情報エリア

社内のOA端末など、情報システムの機器が設置されるエリアである。また、外部ネットワークとの接続口もこのエリアに存在する。

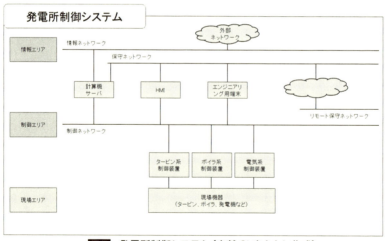

図7 発電所制御システム（文献9）をもとに作成）

● 制御エリア

オペレータが常駐して発電状況を監視し、制御オペレーションを実施する中央操作室があるエリアである。監視用端末であるHMI（Human Machine Interface）や各現場機器（タービン、ボイラ、発電機）の制御装置、エンジニアリング用端末などが設置されている。

● 現場エリア

発電を行う主たる機器であるタービンやボイラ、発電機などが設置されているエリアである。

中央給電指令所からの指令に基づいて制御装置を動作させ、タービンやボイラを制御することによって発電量を適切な量に調節している。また、HMIによって発電状況の監視も行っている。

次に、変電所制御システムの構成を図8に示す。

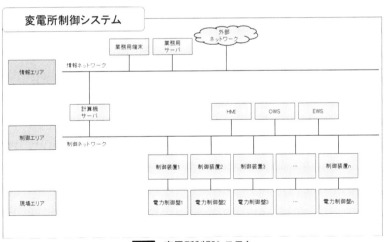

図8　変電所制御システム

6.3　電力制御システムのセキュリティ動向

　従来の電力システムでは、各社独自の技術を使用しており、かつクローズドなネットワークで構築されていたため、サイバー攻撃を受けるリスクは低かった[9]。しかしながら、現在は従来の専用システムから一般の情報システムにより近いものに移行しつつあり、オープン化が進んでいる。具体的には、「制御システム間の通信インタフェースのイーサネット化」や「制御システムの汎用 OS 化（Windows Embedded、Linux など）」があり、サイバー攻撃に対するハードルが下がり危険性が増大している[10]。

　さらに、電力システムにおいては、2013 年 4 月に「電力システムに関する改革方針」が閣議決定され、2015 年 4 月に広域的運営機関の設立、2016 年 4 月に小売全面自由化、2020 年 4 月に発送電分離が開始予定となっている。複数のシステムがより複雑に連携し、多くのデータがやり取りされることが想定されるため、電力システムにおける強固なセキュリティ対策が求められる[11]。このセキュリティの確保のため、2016 年に日本電気協会より「電力制御システムセキュリティガイドライン」が策定された。本ガイドラインには、電力制御システム等のサイバーセキュリティ確保を目的として、電気事業者が実施すべきセキュリティ対策の要求事項について規定したものである。事業者が実施すべき「勧告的事項」と、実施の要否を個別に判断すべき「推奨的事項」に分類され、前者にはセキュリティ管理組織の設置およびマネジメントシステムの構築、教育の実施などが記載されている[12]。

第 2 章　制御システムの典型的システム構成

7 スマートメーターシステム

　ここでは、スマートメーターシステムについて述べる。はじめに、背景について述べる。その後、スマートメーターシステムの概要、今後の動向について述べる。

7.1 背景

　スマートメーターは通信機能を有し、遠隔での検針や供給開始・停止業務などが可能な新しい電力量計である。詳細な電力使用量の見える化や、きめ細かな料金メニューの設定のために不可欠なインフラとなっている。2014年4月に取りまとめられた「エネルギー基本計画」において「2020年代早期に、スマートメーターを全世帯・全事業所に導入する」とされており、今後はスマートメーターの導入が本格的に進められ、東京電力管内では2020年度末まで、日本全体では2024年度末までに導入を完了する計画である。2016年11月時点において、設置済みのスマートメーターは約2320万台であり、普及率は約30%となっている[13]。

7.2 スマートメーターシステムの概要

　図9にスマートメーターシステムの構成を示す。

　スマートメーターシステムは、以下の機器で構成される。

　● スマートメーター

　通信機能を有した電力メーターであり、電気の使用量を30分間隔で上位のシステムへ送信する。従来のアナログメーターで必要であった、検針員

IoT時代のサイバーセキュリティ　45

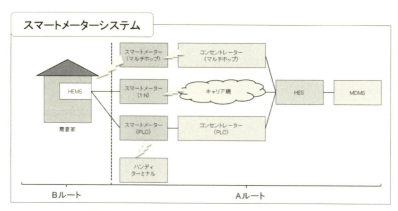

図9 スマートメーターシステム (文献 9) をもとに作成)

による検針作業が不要となることにより、人件費の削減が期待できる。さらには、上記の30分間隔値によって電力会社が電気の使用量を細かく把握し、ピーク時などに遠隔から電力供給を制御することも可能となる[16]。電気の使用量を計量する「計量部」と、外部との通信機能を有する「通信部」に分かれている。

図9に示したように、スマートメーターはその通信方式によって以下の3種類に分類される[14]。

① 無線マルチホップ方式

集約装置（コンセントレーター、後述）までスマートメーター同士がマルチホップ転送により無線通信を行う方式である。通信には920MHz帯の特定小電力向け無線が使用される。

② 1:N 方式

通信キャリアのサービスを利用する方式である。マルチホップ転送を行うこ

とが困難な山間部などに設置される。

③ PLC 方式

各電力会社が保有する既存の電力線通信（PLC；Power Line Communication）を使用する方式である。無線通信を行うことが難しい高層マンションなどに設置される。

● コンセントレーター

電柱上に設置され、スマートメーターのデータを集約する装置である。920MHz 帯の無線通信と光回線網を使用した通信の変換を行うメディアコンバータの役割も果たしている。

● HES

Head End System の略である。スマートメーターの開閉操作やファームウェア更新、死活監視などの各種制御を行うシステムである。

● MDMS

Mata Data Management System の略である。スマートメーターのデータを収集・蓄積して各種システムとやり取りを行うシステムである。

● ハンディターミナル

スマートメーターが設置されている現地に検針員が赴いて検針作業を行う際に必要となる機器である。

● HEMS

需要家宅に設置される Home Energy Management System の略である。スマートメーターや家電製品をネットワークでつないで電気の使用量を監視することで電気の「見える化」し、節電につなげるシステムである[17]。

また、スマートメーター－ HES － MDMS －電力会社とつながるルートを

「A ルート」、スマートメーターと需要家宅がつながるルートを「B ルート」と呼ぶ。B ルートのスマートメーター－ HEMS 間で使用する標準的なアプリケーションプロトコルとして、エコーネットコンソーシアムが策定する ECHONET Lite が規定されている。下位層に 920MHz 帯の特定小電力向け無線を使用した場合の B ルートプロトコルスタックを**図 10** に示す。

7.3　今後の動向

　［7.1］で述べたように、電力のスマートメーターの一般家庭への普及が進んでいる。今後は、電力分野のみならずガス分野・水道分野へのスマートメーターの導入が検討されている。

　ガススマートメーターは、外部電源を取得できない場所に設置されることが多く、電池によって長期間駆動する必要がある。そのため、電力スマートメー

レイヤ 5-7 (アプリケーション層)	ECHONET Lite
レイヤ 4 (トランスポート層)	UDP(TCP)
レイヤ 3 (ネットワーク層)	6LoWPAN IPv6
レイヤ 2 (データリンク層)	IEEE802.15.4e
レイヤ 1 (物理層)	IEEE802.15.4g

図10 Bルートプロトコルスタック（文献12）をもとに作成）

ターよりも技術的な課題が大きいと考えられている。このことを背景とし、東京ガスでは2018年度からのスマートメーター導入開始に向けて技術開発を進めている[19]。図11にガススマートメーターシステムの構成を示す。

ガススマートメーターシステムにおいても、電力の無線マルチホップ方式のようにスマートメーター同士が無線通信を行い、広域無線端末（ゲートウェイに相当する機器）を経由してガス会社の監視センターまでデータを送る。このガススマートメーター同士が無線通信を行う際の規格として、NPO法人テレメータリング推進協議会がU-Bus Airを標準化した。U-Bus Airでは、下位レイヤのプロトコルとしてIEEE802.15.4g/eを用いると規定されている[19]。

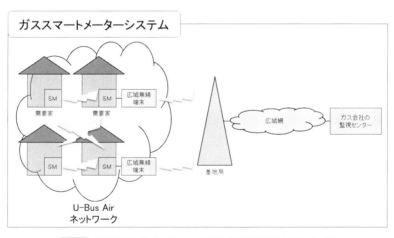

図11 ガススマートメーターシステム（文献13）をもとに作成）

8　化学・石油分野の制御システムの特徴

　ここでは、国内の化学・石油分野における基本的な制御システムの特徴について述べる。化学産業では、素材（基礎化学製品や中間製品）から製品も含めて幅広く、多くの企業・組織が連携し、さまざまな成果物を提供している。例えば、化学分野（石油化学工業）の石油化学コンビナート内の業務は、原油から精製されたナフサを分解することで、エチレン、プロピレン、ブタジエン、トルエン、キシレン等の基礎製品を製造し、そこからプラスチック、合成繊維原料、合成ゴム、塗料原料、塗料溶剤、合成洗剤、界面活性剤原料等の誘導品（中間製品）を製造する。さらに、中間製品が関連産業における素材となり、さまざまな製品に加工している。このように、石油化学コンビナート内で、原料調達から出荷まで、製造・加工を含めた一連の業務で成り立ち、その成果物は幅広い産業分野で使用されている。

　このように製造プラント・工場は、化学反応を利用した製造プロセスであり、各設備に監視・制御設備が装備され、決められたプロセス制御や最適制御を適応して、操業・運転する。また製造設備や現場環境は、時代とともに大量生産から多品種少量生産、そしてグローバル化へと変遷し、これに追従するように製造設備や制御プロセスも進化して、生産能力や製品品質を高めるために品質・コスト・納期などの管理も求められている。さらに、製造設備を管理・制御するための制御システムやフィールドデバイスに関しても、アナログからデジタルへと変遷し、IT 技術を活用したオープン化技術も導入している。

　企業の化学プラント・工場の製造設備は、企業ごとの製品製造に関する

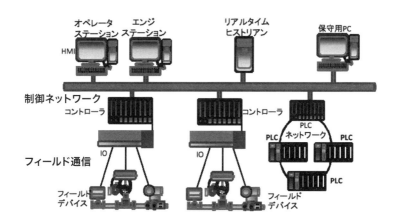

図12 制御システムの基本的な構成

技術・生産ノウハウが多く、一般的に表現することが難しいので、ここでは監視・制御をするシステムの側面で説明する。制御システムの基本的な構成は、フィールドデバイスがフィールド通信を経由して接続するコントローラやオペレータが監視・操作するヒューマンマシンインタフェース（HMI）等を制御ネットワークで接続する構成がある（**図12**）。

プラント・工場などの現場では、製造設備に適応した化学反応（混合、反応、蒸留、ろ過等）の工程における決められたプロセス条件（圧力、流量、温度等）で運転・制御する。そのプロセス条件は、数秒から数分単位のプロセスデータを監視しながら適切なプロセス制御を必要とする。

生産方式として、1つ以上の設備を組み合わせ、設定した時間で、決められた原料などを供給し、順序づけした一連の製造手順を実行することで製品を製造するバッチ生産方式がある。また、連続生産方式では、石油化学コンビナートの原油から精製のように大量生産・連産品などを対象として

いる連続制御プロセスがある。

　現場設備には、導入した時代に応じた製造プロセスに適応した制御システムで構成している。その歴史は古く、1950年代の空気式計装時代から始まり、1960年代に入り電気式アナログ時代となり、1970年代からデジタル計装の時代に遷移してきた、さらに1980年代でDCSによる分散制御システムが主流となり、1990年からは情報計装ネットワークによる現場情報の活用の時代となり、2000年以降ではIT技術の活用が始まり制御システムの仕様がオープン化（汎用製品および標準プロトコル採用）したため、マルチベンダシステムでより自由度の高いシステム構築が可能になる（図13）。

図13　制御システムの時代の遷移

　このため、制御システムでもIT分野における脆弱性対策のように、制御システムに適応するセキュリティ対策が必要となる。

　製造現場では、制御システムを中心に運転・監視をHMI（ヒューマン・マシン・インタフェース）により、安全で安定した運転・操業をする。また、制御システムの基本構成として、システム監視操作用のHMI（ヒューマン・マシン・インタフェース）と制御コントローラから構成され、それらは制御ネットワークで接続する。また、冗長化が可能な高信頼が重要になる製造プロセスもある。そして、製造設備の制御を自動化するためにフィールドデバイス

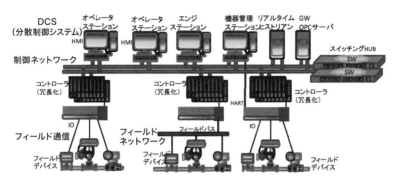

図14 DCS (Distributed Control System：分散制御システム) 概要

として、圧力計（圧力センサ）／差圧計（差圧センサ）、流量計、液面計（レベル計）、コントロールバルブ（調節弁）／操作端、温度発信器／温度センサ／湿度センサなどを設置する必要がある。

最近では、DCS（Distributed Control System；分散制御システム、**図14**）とデジタル化されたフィールドデバイス（HART通信・フィールドバス対応など）の組み合わせで制御システムを構築する。DCSは、プラント・工場の製造プロセスや製造設備等を監視・制御する専用システムで、構成する各機器が制御ネットワークで各機器の機能を分散することで、負荷やリスクの分散化が図れ、安全でメンテナンス性に優れていて、オープン化にも対応している。そして、フィールドデバイスでは、HART通信があり、従来設備・配線がそのまま使えるため、主変量はアナログ、その他の情報はデジタル（設定、診断）で、双方向デジタル通信することが可能となる。また、フィールドバスでは、フルデジタル通信となり、計器の持つすべての情報を双方向に交換可能で、省配線、省機器台数、機器の高機能化となり、現場に行く前に計器の状態を計器室や事務所で確認が可能となる。つまり、従来のア

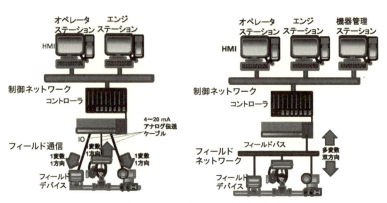

図15 アナログ接続とデジタル接続の例

ナログ通信では、1配線で、1変数（AI, AO, DI, DO など）、一方向（IN、OUT）からデジタル通信に移行することで、1配線で、多変数、双方向となることで、システム構築上の制約無く、マルチベンダーでより良い製品の選択可能となり利点が多い（**図15**）。

このように DCS とデジタル化されたフィールドデバイスの組み合わせで、デジタル通信を選択することで、プラント・工場などの複数のベンダが提供している現場設備でも、相互でのネットワーク通信が可能となるため現場設備の設置場所が離れている環境でも情報の統合が可能となる（**図16**）。以上のように化学・石油分野の制御システムは、設備や装置を人や組織が蓄積してきた知識・能力・ノウハウを制御・高度化技術をベースにシステム化してきたもので、その時代の技術レベルに影響されて徐々に進化している。

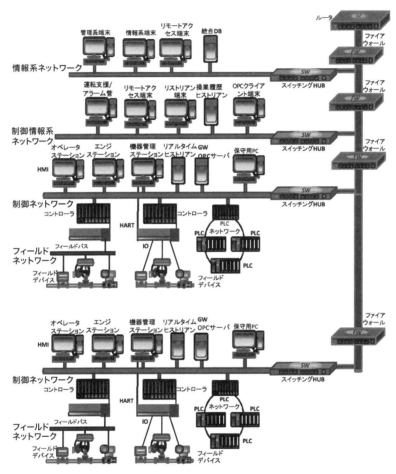

図16 プラント・工場の制御システムの構成概要

9　ガス制御システム

　ここでは、ガス分野の制御システムについて、ガスは都市ガスを前提とし、ガス供給業務および制御システムの特徴を述べる。

9.1　ガスの供給と制御システムの機能 [20～24]

　都市ガスの備蓄・製造・供給の全体像について、**図17**に示す。

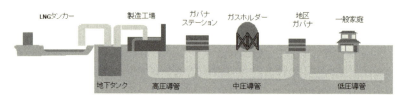

図17　都市ガスの備蓄・製造・供給の全体像（文献24）を参照して作成）

　図17をもとに、都市ガスの備蓄から供給に至る全体像を述べる。

　都市ガスは、主原料としてLNGガス（液化天然ガス）を用いており、原料は大部分を海外からの輸入に頼っている（一部の都市ガス事業者は国内でも少量採取されるLNGガスを用いている）。輸入は、LNGタンカーによりなされ、日本各地のLNG基地に貯蓄する。

　ガス供給事業者は、LNGを受入基地のタンクに貯蔵し、ガス導管またはローリー車や貨車にて製造工場に輸送する。

　製造工場では、LNGを気化・熱量調整・付臭することにより都市ガスを製造する。

　製造された都市ガスは、供給時には、高圧導管、中圧導管、低圧導管を経て、それぞれの導管に適応する減圧処理がガバナ（減圧器）により施

され、一般家庭等需要家に供給される。高圧、中圧、低圧の区分は、**表1**のとおりである。

表1 圧力による分類

分　類	圧　力
高　圧	1MPa 以上
中　圧	0.1MPa 〜 1MPa 未満
低　圧	0.1MPa 未満

9.2　典型的な都市ガスの制御システム

　我が国においては、2016 年 1 月時点で 206 社の都市ガス事業者が都市ガスの供給を行っており、その事業者の中でも規模により事業者の所有する設備や制御システムは大きく異なる[22]。さらには、需要家件数ベースで大手4社・準大手6社の計 10 社が全体の8割超を占める[22]。

　本稿においては、大手または準大手の都市ガス事業者を想定し、都市ガスの制御システムの概要を述べる。

9.2.1　ガスの制御システムの分類

　ガスの制御システムは、大まかに以下のように分類できる[24]。

① プラント制御システム（製造系）

　ガスの製造（原料の気化、熱量調整、付臭等）のために圧力・流量の制御および監視を行う。

② 遠隔監視・制御システム（供給系）

　供給ライン圧力・流量の監視や遠隔遮断弁・ガバナ（圧力調整器）など

の制御を行う。

③ 大規模監視制御システム（製造系・供給系横断）[25]

広域に展開するガス製造供給網を監視制御するシステムであり、ガスの安定供給を担う。

9.2.2 プラント制御システム（製造系）

製造システムの機能は、以下のとおりである[26]。

● 気化

LNG を気体するには「オープンラック式ベーパライザー（ORV）」と「サブマージド式ベーパライザー（SMV）」がある。通常は ORV を使用し、緊急時のみ SMV を使用する。ORV では、LNG が通るパイプに海水をかけて、LNG を気化させる。

● 熱量調整

天然ガスは、採れた場所によって成分が少しずつ異なるため、液化石油ガス（LPG）を加えて熱量が一定になるように調整する。

● 付臭

天然ガスは無色無臭のため、万一ガスが漏れた場合に備え、臭いを付ける。

9.2.3 遠隔監視・制御システム（供給系）

本項においては、主として文献 23) を参考に遠隔監視・制御システムについて述べる。

ガスの供給システムは、以下の特徴を有している。

・ガス供給を 24 時間継続すること

- 工場、ガバナ、ガスタンクおよび需要家までがパイプラインで連結された1つの設備とみなすことができること
- ガス供給量が時間や季節により大きく変動すること

こうしたガスの供給システムの遠隔監視・制御システムは、以下の機能を有している。

- ガス供給量の季節・曜日・時間帯・天候を考慮した供給量を予想できる
- 予想外の局所的あるいは全体のガス供給量の変化に対応できる
- 緊急時においては、ガバナやガスタンクを緊急に制御することが可能である

東京ガスにおいては、このような遠隔監視・制御システムを運用するために、供給指令センターを中心とした遠隔監視制御システムを運用している。システム構成図は、図18のとおりである。

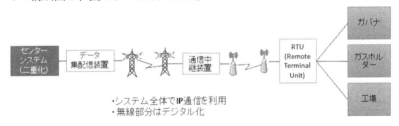

図18 遠隔監視・制御システムの構成例（文献23）をもとに作成）

センターシステムは、データ集配信装置を介して、工場などの計測機器からのデジタルデータ・アナログデータを管理し、そうしたデータによりガバナやガスホルダーを制御している。なお、センターシステムは二重化されており、サブセンターは物理的に離れた場所に設置されており、自然災害によりセンターが被害を受けた場合でも遠隔監視・制御システムは稼働する。

データ集配信装置は、マイクロ波を用いた自営無線により構築されるネッ

トワークを介して、センターシステム（およびサブセンターシステム）とRTU（Remote Terminal Unit）間で、各種の監視制御データを送受信する。

　RTUは、コントローラに通信機能を付加した機器であり、ガバナやガスホルダーなどのセンターシステムの監視制御の対象となる場所に設置されている。監視制御対象機器からの各種データを収集し、センターシステムに送信するとともに、センターシステムからの制御データを受信し、各種機器を制御する役割を担っている。

　ネットワークに関しては、自営無線を中心に自然災害発生時でも耐久性の高いネットワークを構成している。供給エリア内のいくつかの拠点には大量データ通信を行う多重無線設備が設置され、さらには、重要拠点はループ回線を構成し、信頼性を高めている。RTUが設置されているガス設備と、通信中継装置間は単一固定無線により接続されている。

＜村瀬一郎＞

【参考文献】

1) 重要インフラ防護に対する考え方：内閣サイバーセキュリティセンター
　 https://www.nisc.go.jp/active/infra/outline.html
2) 世界の鉄道旅客輸送量国別ランキング・推移（世銀）：Global Note
　 http://www.globalnote.jp/post-3796.html
3) 事故の概要：JR西日本
　 https://www.westjr.co.jp/fukuchiyama/outline/
4) 平成27年度特許出願技術動向調査報告書（概要）：鉄道管制システム
　 https://www.jpo.go.jp/shiryou/pdf/gidou-houkoku/h27/27_06.pdf

5) 中村英夫：鉄道信号システムの革新、情報処理、55(3)（2014）

6) 鉄道と IT (2)、進路の構成と運行管理システム、情報通信技術の精華

　http://news.mynavi.jp/column/railway_it/002/

7) 広がる無線式の列車制御システム、海外鉄道では都市部の主流に

　https://response.jp/article/2015/10/20/262424.html

8) また大規模サイバー攻撃＝世界各地で被害報告－チェルノブイリ原発も

　http://www.jiji.com/jc/article?k=2017062701316&g=int

9) 電力分野の事例　日立が考える電力制御システムセキュリティ

　http://www.hitachihyoron.com/jp/archive/2010s/2016/06/
　pdf/2016_06_01_01.pdf

10)「電力」に迫るサイバーテロの危機（1）：今、電力システムにセキュリティが
　必要とされている 4 つの理由 (1/2)

　http://www.itmedia.co.jp/smartjapan/articles/1505/28/news015.html

11) 電力システム改革について

　http://www.enecho.meti.go.jp/category/electricity_and_gas/electric/
　electricity_liberalization/pdf/system_reform.pdf

12) 電力分野におけるサイバーセキュリティ対策について

　https://www.nisc.go.jp/conference/cs/ciip/dai07/pdf/07shiryou0601.
　pdf

13) スマートメーターが全国で 2000 万台を突破、電力の自動検針が進む (1/2)
　：スマートジャパン

　https://www.nisc.go.jp/active/infra/outline.html

14) スマートメーターの通信方式の技術動向について

　http://www.soumu.go.jp/main_content/000374413.pdf

15) 経済産業省スマートメーター制度検討会セキュリティ検討ワーキンググループ
　報告書

http://www.meti.go.jp/press/2015/07/20150710001/20150710001-2.pdf

16) スマートメーターとは「無料の通信高機能電力メーター」：タイナビスイッチ、

https://www.tainavi-switch.com/contents/171/

17)「HEMS」の特徴と「スマートメーター」の設置手順：タイナビスイッチ、

https://www.tainavi-switch.com/contents/1241/

18) HEMS- スマートメーター B ルート（低圧電力メーター）運用ガイドライン［第2.0 版］

http://www.meti.go.jp/committee/kenkyukai/shoujo/smart_house/pdf/006_s03_00.pdf

19) ガススマートメーターにおける Wi-SUN 技術活用と将来展望

https://www.ituaj.jp/wp-content/uploads/2017/02/2017_2-03-tokushuGasSmartMeter.pdf

20) 日本ガス協会ウェブサイト：天然ガスの特徴・種類

http://www.gas.or.jp/tokucho/

21) 日本ガス協会ウェブサイト：都市ガスが届くまで

http://www.gas.or.jp/gastodokumade/

22) 日本ガス協会：制御システムセキュリティカンファレンス 2016 資料「都市ガス業界における制御系システムのセキュリティ確保の取組みについて－サイバー演習の紹介を中心に－」

https://www.jpcert.or.jp/present/2016/20160217_CSC-JGA.pdf, 2016.2.16

23) 悦喜亮二：大規模遠隔監視・制御システムを用いた東京ガスの広域都市ガス供給、第 53 回自動制御連合講演会誌、1099-1102（2010）

24) 経済産業省資源エネルギー庁：電力・ガス分野における サイバーセキュリティ対策

http://www.meti.go.jp/committee/sougouenergy/denryoku_gas/

denryoku_gas_kihon/pdf/004_07_01.pdf

25) 大阪ガスウェブサイト：製造から低圧までの安定供給をコントロールする超大規模遠隔監視制御システム「ＬＵＮＡＳＯＬＡ」

26) 仙台市ガス局ウェブサイト：都市ガスの製造

27) 中山敬一ほか：LNG 受入基地の計測制御システム、富士技報、79(3)、536- 540（2003）

第3章
脅威の動向

本章では、制御システムを対象としたサイバー攻撃の脅威の動向を把握する上で必要となる前提（脅威と脆弱性、サイバーセキュリティの3要素、制御システムの現状と課題）を述べた後、制御システムのセキュリティインシデント動向、攻撃者と攻撃パターン、制御システムを対象としたマルウェア、海外のセキュリティインシデント事例、国内のセキュリティインシデント事例、新たな脅威動向を述べる。

1　脅威と脆弱性

　脅威とは、JIS Q 27000:2014 で、「システム又は組織に損害を与える可能性がある、望ましくないインシデントの潜在的な原因」と定義されている。広義の意味での脅威には、自然災害や人的ミスなども含まれるが、本章では、サイバー攻撃またはサイバー攻撃を行う攻撃者を脅威として扱う。

　脆弱性とは、JIS Q 27000:2014 で、「一つ以上の脅威によって付け込まれる可能性のある、資産又は管理策の弱点」と定義されている。この脅威と脆弱性が結びつくことでリスクが顕在化し、セキュリティインシデントが発生する。

2　サイバーセキュリティの3要素

　セキュリティインシデントが発生した場合、その影響として機密性（Confidentiality）、完全性（Integrity）、可用性（Availability）の一部またはすべてが失われる可能性がある。機密性、完全性、可用性は、その

英語の頭文字を取って、セキュリティの CIA と呼ばれる。

　機密性とは、JIS Q 27000:2014 で、「認可されていない個人、エンティティ又はプロセスに対して、情報を使用させず、また、開示しない特性」と定義されている。例えば、通常は暗号化されているプロセス値変更に関わる通信内容が第三者に漏洩してしまうことは、通信内容の機密性が失われたことが原因であるといえる。

　完全性とは、JIS Q 27000:2014 で、「正確さ及び完全さの特性」と定義されている。例えば、プロセス値をオペレータが監視制御している場合、第三者により偽の通信内容を流され、現在のプロセス値と監視制御端末上の表示に乖離が発生する状況は、監視制御の完全性が失われたことになる。

　可用性とは、JIS Q 27000:2014 で、「認可されたエンティティが要求したときに、アクセス及び使用が可能である特性」と定義されている。例えば、制御システムのネットワークに大量の通信を流すことでネットワークの帯域を枯渇させ、オペレータの制御が妨害されることは、オペレータの制御という可用性が失われたことが原因であるといえる。

　一方、制御システムは HSE も重要とされる。HSE とは、健康（Health）、安全（Safety）、環境（Environment）の英語の頭文字を取った用語である。制御システムには、特別高圧電力、高温・高圧のガス、有害な化学薬品、大量の汚水、大型のロボットアームなどを取り扱う場合がある。セキュリティインシデントによりこれらの制御に問題が生じた結果、安全衛生や環境に悪影響を及ぼす可能性がある。制御システムセキュリティは CIA と HSE が密接に関わっているといえる。

3 制御システムの現状と課題

2000 年代以降、制御システムにもオープン化の波が到来し、情報システムと同様に汎用的な技術が積極的に利用する機会が増えた。しかし、その結果レガシー OS（Operating System）の長期利用、セキュリティパッチの適用の難しさ、ブラックリスト型マルウェア対策との相性、汎用プロトコルの脆弱性、遠隔保守回線の利用、持込端末や USB メモリの利用といった課題が明らかになった。

3.1 レガシー OS の長期利用

2000 年代以降に作られた比較的新しい制御システムにおける監視制御端末の多くは、Windows OS 等の汎用 OS が用いられることが多い。しかし、制御システムは運用を開始してから数十年稼動し続けるシステムも多く、システム更新も容易ではないためサポートが切れているレガシー OS を使い続けざるをえないという課題がある。サポートが切れているレガシー OS を利用することは、脆弱性を残したまま運用することにつながるため、セキュリティ上は望ましくない。

3.2 セキュリティパッチの適用の難しさ

監視制御端末に利用されているレガシー OS は、新たなセキュリティパッチの開発と配布が終了しているものも少なくない。一方、PLC（Programmable Logic Controller）や DCS（Distributed Control System）といったコントローラに重大な脆弱性が発見された場合、監視制

御端末と同様にセキュリティパッチの開発と適用の検討が必要となる場合がある。しかし、PLC や DCS は厳格にリソース設計されている場合もあり、セキュリティパッチを適用したことによる影響を事前に評価することは容易ではない。また、適用のタイミングも法律で定められた点検日など、非常に限られることからセキュリティパッチを長期間適用せずに運用している制御システムも少なくない。

3.3　ブラックリスト型マルウェア対策との相性

　セキュリティパッチの適用と同様に制御システムにおける利用に課題があるのが、ブラックリスト型マルウェア対策ソフトウェアである。一般的なマルウェア対策ソフトウェアの多くは、解析用エンジンとパターンファイルにより、既知のマルウェアを検知する機能を有している。このようなマルウェア対策ソフトウェアはブラックリスト型と呼ばれている。

　ブラックリスト型マルウェア対策ソフトウェアが新しいマルウェアを検知するためには、解析用エンジンとパターンファイルを更新し、最新の状態に保つ必要がある。更新用のファイルはインターネット上のサイトからダウンロードして使用する場合が多いが、インターネットに直接アクセスすることが難しい制御システムでは、これらの更新用ファイルを都度入手し、適用することは難しい。

　また、ブラックリスト型のマルウェア対策ソフトウェアは、その仕組みゆえに多くのハードウェアリソースを消費する場合がある。ハードウェアリソースの消費は、リアルタイム性能に影響を及ぼす可能性がある。製造業等の一部業界においては、厳しいリアルタイム性能が求められる場合もある。セキュリティを優先した結果、本来業務に支障が生じてはならないため、ブラックリ

IoT時代のサイバーセキュリティ　　**69**

スト型マルウェア対策ソフトウェアを制御システムに導入することは容易ではない。

3.4 汎用プロトコルの脆弱性

2000年代以前に作られた制御システムを構成するネットワークにおいては、ベンダが独自に定義したプロトコルが用いられていることが多かった。しかし、2000年代以降ネットワークの分野でもオープン化が主流となり、ベンダが独自に定義したプロトコルの利用だけではなくEthernetやTCP/IPをベースとするプロトコルの利用も増加した。

汎用プロトコルは対応している製品が多くマルチベンダで構築しやすい反面、プロトコル仕様が入手しやすいため攻撃者による攻撃ツールの作成と検証が容易になるという課題があった。

3.5 遠隔保守回線の利用

制御システムの多くは、インターネットなどの外部ネットワークと接続がなく、閉じたネットワーク内で稼働している場合が多い。しかし、一方で保守の観点から、遠隔保守回線を利用している制御システムもある。集中監視センターから遠隔保守回線を経由して対象となる制御システムの監視することで、制御システムに異常が発生していないか24時間365日確認することができる。

制御システムの可用性を高める上で遠隔保守回線の利用は有効な手段である。しかし、この遠隔保守回線にインターネットが利用され、さらにそのセキュリティ対策が十分でない場合、インターネット経由でサイバー攻撃の脅

威に晒される可能性がある。

3.6 持込端末や USB メモリの利用

　インターネットや遠隔保守回線とつながっていない制御システムであった場合でも、データの受け渡しが不要なわけではない。監視制御端末のログ取得やコントローラのファームウェア更新には、ベンダが持ち込む端末やUSB メモリなどの可搬型記憶媒体が利用されることが多い。これらの機器にマルウェアが感染していた場合、制御システムに感染が拡大する可能性がある。

3.7 新しい制御システムと古い制御システム

　今後新たに造られる制御システムには、設計時にセキュリティを考慮できる可能性がある一方、既存の何十年と稼動し続けてきた制御システムを同じようにサイバー攻撃の脅威から守ることは容易ではない。オープン化する制御システムにより、多くの恩恵を受けた反面、サイバー攻撃の脅威が増加することを想定しておく必要がある。

4　制御システムのセキュリティインシデント動向

　国内外で制御システムに関するセキュリティインシデント事例やサイバー攻撃の脅威動向を取りまとめ、公開している組織がある。

　産業用制御システムサイバー緊急対応チーム ICS-CERT（Industrial Control Systems Cyber Emergency Response Team）は、アメリカの

国土安全保障省 DHS（Department of Homeland Security）が運営する国家サイバーセキュリティ通信統合センター NCCIC（National Cybersecurity & Communications Integration Center）内における制御システムを対象としたインシデントレスポンスの専門機関である。

ICS-CERT が公開している年次報告書[1-3]より、2010〜2016 年の間に ICS-CERT が受け付けたアメリカにおける 16 の重要インフラセクタを対象に実施したインシデントレスポンスチケット件数とオンサイト対応件数の推移を図1に示す。

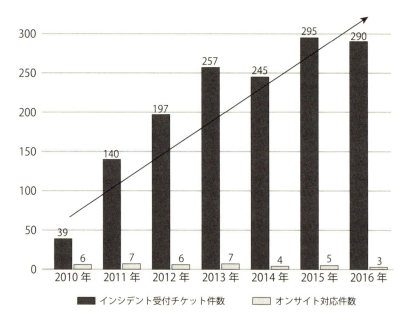

図1 インシデントレスポンスチケット件数とオンサイト対応件数の推移
（ICS-CERT 資料に基づき CSSC が作成）

アメリカにおける16の重要インフラセクタには、化学、商業施設、通信、重要製造業、ダム、救急サービス、情報技術、原子力、農業と食料、防衛基盤産業、エネルギー、健康と公衆衛生、金融サービス、水、政府施設、交通システムが含まれる。

図1より、インシデントレスポンスチケット件数は2010年から2016年まで増加傾向にあり、2016年は2010年の7倍以上の件数に増加していることが分かる。また、2016年のインシデントレスポンスチケット件数における重要インフラセクタの内訳を図2に示す。図2より、重要製造業、通信、エネルギーが他セクタと比較して件数が多いことが分かる。

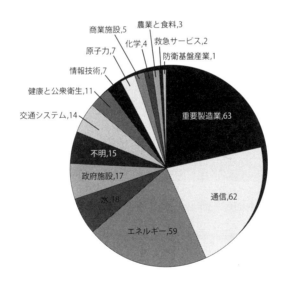

図2 2016年のインシデントレスポンスチケット件数における重要インフラセクタの内訳（ICS-CERT資料に基づきCSSCが作成）

IoT時代のサイバーセキュリティ　73

5 攻撃者と攻撃パターン

攻撃とは、JIS Q 27000:2014 で、「資産の破壊、暴露、改ざん、無効化、盗用、又は認可されていないアクセス若しくは使用の試み」と定義されている。本章では、攻撃を行う人間または組織を攻撃者と呼ぶ。また、攻撃者が攻撃を試みる際の攻撃対象、攻撃経路、攻撃手法の組み合わせを攻撃パターンと呼ぶ。

近年、攻撃者は多様化し、その攻撃パターンも高度化している。その結果、制御システムにおけるセキュリティインシデントの影響は情報漏洩にとどまらず、物理的な設備に直接影響を及ぼすような攻撃も確認されている。以下では、その攻撃者と攻撃パターンの例を述べる。

5.1 攻撃者

攻撃者の例 [5] として、ハッカー、現従業員、元従業員、アクティビスト、ハクティビスト、組織、サプライヤ、サービスプロバイダ、コンサルタント、受託業者、外国、公的機関、現設備プロバイダ、元設備プロバイダや競合他社が挙げられる。攻撃者の目的も多様化しており、スキルの顕示、いたずらや愉快犯のみに限らず、近年は、実利、政治、軍事等を目的にしている場合も少なくない。

攻撃者の技術レベルもさまざまである。スクリプトキディと呼ばれるインターネットなどで公開されているツールをほぼそのまま利用するだけの攻撃者もいれば、高度な技術力を持ったサイバー軍まで幅広い。

5.2 攻撃パターン

　攻撃対象、攻撃経路、攻撃手法の組み合わせにより攻撃が成立する。これらの組み合わせを攻撃パターンとする。攻撃対象の例として、ネットワークと制御機器が挙げられる。ネットワークとしては、情報ネットワーク、制御情報ネットワーク、制御ネットワーク、フィールドネットワークなどがある。制御情報ネットワークは監視制御端末やヒストリアンなどを接続するネットワーク、制御ネットワークはコントローラ間のネットワーク、フィールドネットワークはコントローラとフィールド機器を接続するネットワークである。制御機器の例としては、制御内容（例えば、ビル制御の場合は空調、防災、監視、エレベータ、照明）ごとにそれぞれ PLC、DCS 等のコントローラやスイッチ、ファイアウォール等のネットワーク機器、監視制御端末などがある。

　攻撃経路の例として、外部ネットワークと内部ネットワークが挙げられる。外部ネットワークを経路とした攻撃の例として、インターネットや遠隔保守回線を介した制御システムへの侵入が考えられる。内部ネットワークを経路とした攻撃の例として、建物等に侵入することで物理セキュリティを無効化し、制御システムに直接不正機器を接続されるという攻撃経路が考えられる。

　攻撃手法の例として、ネットワークへの攻撃手法と制御機器への攻撃手法が挙げられる。ネットワークへの攻撃手法としては、盗聴、ネットワークフラッディング、ブラックホールルーティングなどが考えられる。盗聴はネットワークを流れる通信内容を盗聴して機密情報などを盗む攻撃手法、ネットワークフラッディングはネットワーク上に大量の通信を発生させて帯域を枯渇させる攻撃手法、ブラックホールルーティングは、経路情報を不正に変更して正規な機器間の通信を妨害する攻撃手法である。制御機器への攻撃手法として

IoT 時代のサイバーセキュリティ　　75

は、再送攻撃、中間者攻撃、サービス妨害攻撃、インジェクション攻撃、サイドチャネル攻撃などが考えられる。再送攻撃は、正規な通信内容を盗聴・保存して再度送信する攻撃手法、中間者攻撃は、正規な機器間の通信に割り込んで不正な通信を行う攻撃手法、サービス妨害攻撃は、CPU、メモリやネットワークなどに負荷をかけてサービスを妨害する攻撃手法、インジェクション攻撃は、セキュリティを無効化する不正なコードを対象に混入（Injection）する攻撃手法、サイドチャネル攻撃は、処理時間や消費電力などから実行内容を推測する攻撃手法である。

　攻撃者はこれらのうち、1つの攻撃パターンまたはいずれかの攻撃パターンを組み合わせて攻撃を試みる。攻撃者側の準備が入念であれば、同時並行または同期をとって複数の攻撃パターンを計画的に実行することも可能となる。

6　制御システムを対象としたマルウェア

　マルウェアには、ウイルス、ワーム、トロイの木馬、スパイウェアなどが含まれる。ウイルスは、自らに感染能力がなく、別なファイル（例：exe ファイル）に寄生して感染を拡大する。ワームは、自らに感染能力が有り、別なファイルを必要とせずに感染を拡大する。トロイの木馬は、正規のプログラムになりすました不正なソフトウェア、スパイウェアは、情報を不正に盗み出すソフトウェアである。対象機器にマルウェアを感染させることは、攻撃者が目的を達成するための1つの手段である。

　2000 年代は情報システム向けに開発されたマルウェアがたまたま制御システムに感染するという事例が多かった。しかし、2010 年代から制御システ

ムを標的として開発されたマルウェアが生まれ始めた。以下では、その代表例として、Stuxnet、Havex、BlackEnergy、Industroyer の 4 種類のマルウェアを紹介する。

6.1 Stuxnet

2010 年、イランのナタンツにあるウラン濃縮施設がサイバー攻撃を受けた。約 8,400 台の遠心分離機のうち、約 10% が影響を受けた。後のセキュリティベンダの調査により、Stuxnet[6] という特定の制御システムを狙ったマルウェアによるサイバー攻撃であることが分かった。Stuxnet の最終目的は、PLC を再プログラミングして攻撃者の意図するように動作させることで、対象の施設の稼動を妨害し、さらにその内容をオペレータに隠すというものであった。

2010 年 6 月に Stuxnet はベラルーシのセキュリティ企業により発見された。しかし、少なくとも 1 年前にはすでに存在していた可能性があると推測されている。2010 年 9 月時点で、約 10 万のホストが感染し、そのうち 60% がイランのホストであった（日本国内の感染報告もあった）。

Stuxnet は、ネットワークを介して感染する機能を有する一方、USB メモリなどの可搬型記憶媒体を介して感染させることも可能であり、攻撃を受けたウラン濃縮施設は、後者であると考えられている。また、Stuxnet は Windows に関する 4 つの未知の脆弱性、ルートキット（自らの存在を隠す機能）、C&C（Command & Control）サーバとの通信、セキュリティのバイパスなどに加え、台湾を拠点とする 2 社の正規な証明書を用いたデジタル署名という高度な機能を複数備えていた。

なお、攻撃者は制御システムの設計に関する文書を何らかの方法で入手

し、実機を用いた模擬環境を作った上で、Stuxnet のテストをしたと推測されている。

6.2 Havex

Stuxnet 以来と言われる制御システムを狙ったマルウェア Havex[7)8)] が2014 年に発見された。Dragonfly、Energetic Bear、Crouching Yeti といった名称で知られているグループの犯行だと言われている。特にヨーロッパの組織が狙われた。

Havex は、遠隔アクセス型のトロイの木馬 RAT（Remote Access Trojan）と PHP（PHP : Hypertext Preprocessor）で書かれたサーバで構成される。Havex という名前は、サーバのソースコード内に記載されていた文字列に由来する。

感染方法はいくつかあるが、ベンダの Web サイト改ざんによる水飲み場攻撃が特徴的であった。水飲み場攻撃とは、攻撃対象のユーザがアクセスする Web サイトを改ざんし、ユーザが Web サイトにアクセスした際にマルウェアに感染させる攻撃手法である。

Havex は、制御システムの異なる製造業者間のシステムでデータ交換に多く使われる OPC DA（OLE for Process Control Data Access）を狙う。OPC は汎用的な制御システムのプロトコルであり、さまざまな機器の相互接続性を確保する目的で幅広い業界で使用されている。Havex により盗まれたサーバ情報には、クラス ID（CLSID）、サーバ名、プログラム ID、OPC バージョン、ベンダ情報、実行状態、グループ数、サーバ帯域幅などがあった。

Havex は、保守端末経由で制御システム上の OPC サーバの情報を外部

（攻撃者）へ送信することを目的とする。

　Havex も Stuxnet 同様にデジタル署名により正規なソフトウェアに見せかけていたが、攻撃者自身が有名企業になりすました署名であった。

　Havex は情報を抜き取る機能のみであったが、OPC の仕組み上サーバの情報書き換えも技術的に可能である。ゆえに、そのような亜種の発生には今後も注意が必要である。

6.3　BlackEnergy

　BlackEnergy[9] は、2007 年ロシアのアンダーグラウンドで売買されたクライムウェア（犯罪に用いられるソフトウェア）である。

　元々はボットネットを作成するためのツールとして開発されたが、必要とされるさまざまな機能をプラグインとして追加するように改良された。追加されたプラグインの例としては、TCP、ICMP、HTTP プロトコルを用いて大量の通信を発生させるプラグイン、オンラインバンキングの資格情報を盗み出すプラグイン、特定のドライブにランダムなデータを上書きして使用不能にするプラグインなどである。

　BlackEnergy は、トロイの木馬、エクスプロイト（攻撃コード）が埋め込まれたドキュメントファイル、ドロッパー（新たなマルウェアをダウンロードするマルウェア）、偽のインストーラなどにより感染すると考えられている。

　2014 年に収集された BlackEnergy のサンプルから、ウクライナの政府機関を標的としている可能性があることが推測された。また、後述する2015 年ウクライナ電力システムの事例では、インシデント後の調査段階において被害を受けた企業の社内ネットワークから BlackEnergy が発見されている。

IoT時代のサイバーセキュリティ　　79

6.4 Industroyer

Industroyer[10] は、2016 年 12 月にウクライナで停電が発生した際に使用されたマルウェアであると推測されている。Industroyer は、IEC 60870-5-101（別名 IEC 101）、IEC 60870-5-104（別名 IEC 104）、IEC 61850、OPC DA（OLE for Process Control Data Access）という 4 つの制御プロトコルをサポートし、変電所のブレーカを不正に制御することを目的としている。

Industroyer は、ローカルネットワークにある特定のプロキシアドレスを使用するようにハードコードされている。したがって、Industroyer は明確に特定の組織でのみ動作するように設計されていると推測されている。

また、変電所のブレーカを不正に制御する機能以外にも、正規の Windows アプリケーションであるメモ帳になりすますトロイの木馬型のバックドア機能、特定の拡張子を持つファイルを削除するデータワイプ機能や独自に開発されたポートスキャナ、CVE-2015-5374 の脆弱性を利用してデバイスを応答不能にするサービス妨害ツールも搭載されている。

Industroyer の感染経路は特定されておらず、2016 年 12 月にウクライナで発生した停電の直接の原因であることも現在確認されていない。しかし、4 つの制御プロトコルをサポートすることにより変電所でブレーカを直接制御できる機能が搭載されていたことに加え、停電が発生した日である 2016 年 12 月 17 日のアクティベーションタイムスタンプが含まれていた。今回使用した制御プロトコル以外のプロトコルについても攻撃者は適応させることが可能であると推測されている。

7　海外のセキュリティインシデント事例

　制御システムに対するサイバー攻撃の脅威が脆弱性と結びつくことでリスクが顕在化し、セキュリティインシデントが実際に発生した代表的な事例を以下に紹介する。内容については、被害を受けた企業、公的機関、セキュリティベンダなどが公開している情報に基づき、CSSC が分析し、取りまとめている。紹介する事例には分析が継続されているものもあり、今後情報が更新される可能性がある点を留意していただきたい。

7.1　2000 年オーストラリア下水処理施設の事例

（1）概要

　2000 年、オーストラリアクイーンズランド州マルーチーの下水処理システムがサイバー攻撃を受け、約 80 万リットルの未処理の下水が地域の公園、川、ホテルの敷地に流出した[11]。

（2）攻撃対象

　攻撃対象となったマルーチーには 880km の下水道があり、1 日あたり約 3,500 万リットルの下水を処理していた。マルーチーの下水処理システムは、3 つの無線周波数を利用する 2 つのコンピュータを備えた 142 のポンピングステーションで構成されている。

　ポンピングステーション間およびポンピングステーションと中央コンピュータ間との通信には、リピータステーションを介した専用の双方向無線システムによって行われた。各リピータステーションは異なる周波数で通信を行っていた。

（3）攻撃概要

攻撃者は下水処理システムを導入した会社の元従業員の犯行であった。会社を解雇されたことへの恨みが犯行動機であった。犯人は、マルーチーの制御システムに関わる現場監督として2年間雇用されていた。

逮捕された犯人が所有する車には、元勤務先の資産であるコンピュータ、リピータステーションの周波数に設定された双方向無線システムなどが発見された。犯人は、マルーチーの下水処理システムを制御するコンピュータにアクセスし、下水処理のポンピングステーションに関わるデータを変更し、処理を妨害した。約2か月間で少なくとも46回攻撃を行っていた。

（4）影響

ポンプが稼動せず、中央コンピュータに警報が届かず、中央コンピュータとポンピングステーション間の通信が喪失する事象が発生した。最終的に、ポンピングステーションがオーバーフローして、約80万リットルの未処理の下水が流出する事態に至った。

（5）教訓

当時、マルーチーの下水処理システムには既存のサイバーセキュリティポリシーやプロシージャ（手順）はなく、サイバーセキュリティの対策もなされていなかった。

攻撃者が下水処理システムを導入した会社の元従業員である点も考慮し、自社の従業員だけではなく、委託先の従業員に関するセキュリティチェックと定期的な教育を考慮したサイバーセキュリティポリシーやプロシージャの策定と対策の実行が重要である。

7.2 2003年アメリカ原子力発電所の事例

（1）概要

2003年1月25日、アメリカオハイオ州にあるファーストエナジー社のデービスベッセ原子力発電所に Slammer ワームが侵入し、安全性評価表示システムと呼ばれる監視システムを約5時間にわたって停止させた[12]。

（2）攻撃対象

ファーストエナジー社は、アメリカオハイオ州アクロンに本社を置く電力会社である。中西部と中部大西洋を結ぶ 24,000 マイル以上の送電線と、総容量約 17,000 メガワットの多様な発電施設を所有している。

ファーストエナジー社が所有する原子力発電所の1つがデービスベッセ原子力発電所である。1977年に発電を開始し、2017年現在はオハイオ州北西部の住宅、企業、および産業が使用する電力の 40％を発電している。

（3）攻撃概要

Slammer ワーム[13][14] は、2003年1月25日から急激に拡散した。感染力が非常に強く、10分間で世界中の7万5,000台以上の端末に感染した。Slammer ワームは、Microsoft SQL Server 2000 または Microsoft Desktop Engine 2000 のバッファオーバーフローの脆弱性を悪用する。

Slammer ワームは、376バイトと比較的小さなプログラムであるものの、感染すると乱数生成器で生成した IP アドレスに対して、脆弱性を有する機器の探索を試みる特徴がある。メモリにのみ展開されるため、感染した機器を再起動するだけで駆除は可能であるが、対策を講じていなければ短時間のうちに再度感染する。

（4）影響

IoT時代のサイバーセキュリティ　　83

原子力発電所だけではなく、Slammer ワームの影響によりシアトルの911 電話サービス、アメリカの ATM ネットワーク、世界で 13 あるルートネームサーバのうち 5 つがダウンするなど、広範囲で影響が発生した。

幸いにも、Slammer ワームの被害にあった発電所は 2002 年 2 月以降、別な問題の対応のためオフラインであった。また、安全性評価表示システムには Slammer ワームの影響を受けない冗長なアナログバックアップがあったため、被害の拡大を回避することができた。

（5）教訓

デービスベッセ原子力発電所の場合、ファイアウォールで外部ネットワークと遮断されていたが、感染源であるコンサルタント会社の機器がファイアウォール内部のネットワークに VPN（Virtual Private Network）で接続されていたため、内部に感染を拡げることとなった。また、セキュリティパッチは公開されていたが、攻撃を受けたシステムはパッチが適用されていなかった。

これらの点より、VPN 接続先におけるセキュリティレベルの確認と VPN からの感染を想定したネットワーク構成、セキュリティパッチの分析と適用の検討が重要である。

7.3　2003 年アメリカ鉄道システムの事例

（1）概要

2003 年 8 月、アメリカの鉄道会社 CSX 社がマルウェアに感染した。このマルウェアの影響により約 6 時間ワシントン D.C 周辺における通勤および貨物列車が停止した[15)16)]。

（2）攻撃対象

84　　第 3 章　　脅威の動向

CSX 社は、フロリダ州ジャクソンビルに本社を置く東部最大の鉄道会社である。23 の州、ワシントン D.C とカナダにおける 2 つの州に渡り、約 21,000 マイルの路線を運営する。

（3）攻撃概要

CSX 社の鉄道システムには、Blaster ワームまたは Sobig ワームが感染したと考えられている。

Blaster ワームは、2003 年 7 月に公開された Microsoft Windows の RPC（Remote Procedure Call）の脆弱性を悪用したマルウェアである。管理者権限を奪うだけではなく、windowsupdate.com というドメインの IP アドレス（Windows Update を行う際に利用されるサイトとは異なる）に送信元 IP アドレスを詐称し、DDoS 攻撃を行う特徴がある。

Sobig ワームは、トロイの木馬と呼ばれるタイプのマルウェアである。自身のコピーをメールに添付する。メールの宛先は Microsoft Windows のアドレス帳や特定の拡張子（txt、eml、html、htm、dbx、wab）のファイルからメールアドレスを収集する。CSX 社への詳細な感染経路については正式に公開されていない。しかし、Blaster ワームは TCP135 番ポート、Sobig ワームはメールを介して感染を試みるという特徴があることから、感染経路はある程度想定することが可能である。

Blaster ワームと Sobig ワームは 2003 年当時、アメリカを含む世界規模で感染が多く確認されていた。その影響は日本にも及んでいた。なお、Sobig ワームの感染報告は、2016 年においてもなお、独立行政法人情報処理推進機構 IPA（Information-technology Promotion Agency, Japan）に寄せられている[17]。

（4）影響

約 6 時間ワシントン D.C 周辺における通勤および貨物列車が停止した。

（5）教訓

影響が発生した当初、CSX 社は単純な信号システムの故障と考えていた。しかし、その後の調べにより信号システムや配車システムを繋ぐ通信ネットワークがマルウェアにより影響を受け、信号システムを含む主要アプリケーションがスローダウンしたことが原因であることが分かった。

本事例は、制御システムを標的とした攻撃ではなかったものの、情報システムに対する攻撃手法が制御システムにも影響を及ぼす可能性を示した事例となった。

7.4　2005 年アメリカ自動車工場の事例

（1）概要

2005 年 8 月 15 日、ダイムラークライスラー（現ダイムラー）のアメリカにある 13 の自動車工場が、Zotob ワームに感染し、操業が 50 分間停止した[18]。

（2）攻撃対象

1998 年、ドイツのダイムラーベンツとアメリカのクライスラーが合併し、ダイムラークライスラーが誕生した。その後、2007 年にクライスラー部門は売却されている。

（3）攻撃概要

Zotob を作成したのは、ロシア生まれのモロッコ人男性とトルコ在住の男性 2 名であった。

彼らは、FBI（Federal Bureau of Investigation）、トルコ内務省警察

総局とモロッコ当局、マイクロソフト社の協力により 2005 年 8 月 26 日に逮捕されたことが FBI のプレスリリース[19] で報じられている。

Zotob ワームは、Windows 2000 を主な標的としたマルウェアの 1 種であり、Windows のプラグアンドプレイに関する脆弱性（バッファオーバーフロー）を悪用する。

（4）影響

工場で働く 50,000 人の労働者は作業中断を余儀なくされ、操業が 50 分間停止したほか、部品サプライヤへの感染も疑われ、最終的に約 1,400 万ドルの損害が生じた。

（5）教訓

ダイムラークライスラーにおける情報システムネットワークと制御システムネットワークの間には、ファイアウォールが設置されていた。それにもかかわらず、Zotob ワームが制御システムネットワークに感染した。外部から持ち込まれたノート PC 経由で感染した可能性が指摘されている。

これらの点から、外部からの持ちこみ端末や USB メモリなどの可搬型記憶媒体は制御システムに接続前に事前に検閲を行い、かつ、仮に感染が発生した場合でも影響範囲を抑えられるネットワーク構成が重要であるといえる。

7.5　2008 年トルコ石油パイプラインの事例

（1）概要

2008 年 8 月 5 日、イギリス BP 社が出資する原油パイプラインで爆発が起き、原油輸送が停止した[20]。

（2）攻撃対象

BP 社は、ヨーロッパ、アメリカ、アジア、オーストラリア、アフリカとロシアを中心に石油・天然ガスなどのエネルギーを提供している。爆発は、アゼルバイジャンとトルコを結ぶパイプライン（全長 1,760km、直径 1,067mm、埋設ライン）におけるトルコ区間で起きた。

（3）攻撃概要

　攻撃者は完全に特定されていない。しかし、パイプライン爆発の 3 日後、グルジア軍と南オセチア軍が衝突した際、ロシアが南オセチアを越えて軍事介入した。また、ロシアの軍事作戦にパイプライン周辺の空爆も含まれていた。これらのことから、パイプライン爆発はロシアのハッカーにより行われたと推測されている。

　パイプラインには新たに IP ベースの監視カメラが導入されていたことが分かっている。この監視カメラの通信ソフトウェアには、ネットワークへ侵入し、ホスト間を移動可能な脆弱性が存在した。制御システムネットワークと監視カメラネットワークの関連性は明らかにされていないが、監視カメラが制御システムへの侵入口になった可能性はある。事実、パイプライン付近でノート PC が発見され、このノート PC が爆発前後で利用されたことがシステムログから分かっている。

　最終的に、攻撃者は、RTU（Remote Terminal Unit）または PLC を攻撃対象として、圧力値を改ざんするために認証を必要としないコマンドをインジェクションしたと推測されている。

（4）影響

　パイプライン爆発とサイバー攻撃の関係は完全に紐付けられていない。しかし、爆発が起こってから 40 分間、パイプライン制御室のオペレータは事

故に気づくことができなかった。この原因は、攻撃者により警報機能と監視機能に攻撃を受けたためと推測されている。

パイプライン制御室には、警報機能を有する漏洩検知とパイプライン全体の圧力値と流量を監視する機能があったと推測される。攻撃者は、攻撃を早期に検知させないために、警報機能をオフにし、改ざんした圧力値と流量の情報を監視制御端末へ送信していた可能性がある。また、事故対応や事後調査の混乱を目的として、攻撃者はバックアップ用の衛星通信による監視も妨害し、60時間分の監視カメラ情報も削除していた。

（5）教訓

監視カメラネットワークから制御システムネットワークへの到達をさせないようなネットワーク構成が重要である。また、重要度が高い制御システムについては、このような複雑かつ高度な攻撃への対応についても検討することが望ましい。

7.6　2009 年アメリカ病院の事例

（1）概要

2009 年 4 月から 6 月の期間、アメリカテキサス州ダラスにある病院 W. B. Carrell Memorial Clinic の HVAC（Heating, Ventilation, and Air Conditioning、空調）システムや患者情報を扱うコンピュータなどがサイバー攻撃を受けた [21]。

（2）攻撃対象

W. B. Carrell Memorial Clinic は、1921 年に設立された整形外科とスポーツ医学を提供する病院である。

IoT 時代のサイバーセキュリティ　　89

（3）攻撃概要

同病院の夜勤契約警備員が攻撃者であった。警備員は、GhostExodus という名前で活動し、ハッカーグループ Electronik Tribulation Army のリーダーも務めていた。

警備員は、病院の HVAC システムや患者情報を扱う端末に侵入し、HVAC システムの監視制御端末画面のスクリーンショットをオンラインで公開した。公開された画面には、手術室、ポンプ、冷却装置を含め、病院のさまざまな機能のメニューが確認できた。さらに、病院内の端末にマルウェアをインストールする様子なども動画で公開している。

（4）影響

警備員は、HVAC システムへ侵入し、画面をオンライン上で公開した。6月のダラスは最高気温が 30℃を超えることも珍しくなく、警備員により HVAC システムが停止されていたとすれば、影響を受ける患者は少なくはなかったと想定される。

また、警備員は事前に HVAC システムの警報を停止していた。HVAC システムに問題が発生した際、病院職員は警報が機能しないことを把握していたものの、不思議に思った程度で、攻撃が内部から発覚することはなかった。セキュリティ専門家が知り合いのハッカーから得た情報に基づき、FBI とテキサス州検察局へ報告したことで発覚した。

その後、2009 年 6 月 26 日に警備員は逮捕された。逮捕により未遂に終わったものの、警備員は乗っ取られた病院のシステムを使って、2009 年 7 月 4 日（アメリカの独立記念日）に大規模な DDoS（Distributed Denial of Service）攻撃を仕掛ける計画を立てており、インターネット上で協力し

90　　第 3 章　　脅威の動向

てくれる仲間を募っていた。また、すでに攻撃予定日の前日に辞職する旨を所属する警備会社に伝えていた。

（5）教訓

攻撃者が病院の夜勤契約警備員である点も考慮し、自社の従業員だけではなく、委託先の従業員に関するセキュリティチェックと定期的な教育、委託先の従業員に与えるセキュリティ上の権限の最小化が重要である。

7.7　2014年ドイツ製鉄所の事例

（1）概要

2014年、ドイツの製鉄所がサイバー攻撃を受け、溶鉱炉が制御不能で停止した[22]。

（2）攻撃対象

攻撃を受けた製鉄所を運営する企業、攻撃を受けた溶鉱炉等の情報は公開されていない。

（3）攻撃概要

攻撃者は完全に特定されていない。また、犯行動機についても明確にされていない。しかし、攻撃者は、情報セキュリティの技術だけではなく、制御システムと製鉄所での生産プロセスに関して高度な知識を保有していると推測されている。

攻撃者は、製鉄所の情報ネットワークに侵入するために、製鉄所のオペレータを標的とした標的型攻撃メールを用いていたことが分かっている。情報ネットワークに侵入した攻撃者は徐々に感染範囲を拡大し、制御システムに影響を及ぼすことが可能なネットワークに到達したと推測される。

（4）影響

溶鉱炉が制御不能で停止し、製鉄所の操業に大規模な損害をもたらした。しかし、停止時間や損害額などの被害情報の詳細は公開されていない。

（5）教訓

制御システムの多くは情報システムと隔離されている場合が多いが、物理的にも完全に隔離されておらず、論理的に到達可能である場合もある。

ドイツの連邦政府において情報セキュリティの確保を担う組織であるドイツ連邦情報セキュリティ局BSI（Bundesamt für Sicherheit in der Informationstechnik）の報告書 [23] によれば、近年の制御システムを対象としたサイバー攻撃で最も脅威であるのが、ソーシャルエンジニアリングとフィッシングであると述べられている。標的型メールは情報システムだけの脅威ではない。

7.8　2015年ウクライナ電力システムの事例

（1）概要

2015年12月23日、ウクライナ西部のイヴァーノフランキーウシク州で約22万5,000の顧客に影響を及ぼす大規模な停電が発生した。ウクライナの電力配電会社がサイバー攻撃を受けたことが原因であった [24]。

（2）攻撃対象

被害を受けた3つの電力配電会社は、時刻を同期され30分以内に攻撃されている。

（3）攻撃概要

既存の遠隔管理ツールもしくは仮想プライベートネットワーク接続を用いた

92　第3章　脅威の動向

制御システムのクライアントソフトウェアにより、遠隔から制御された。攻撃者は、遠隔からのアクセスを容易にするために、攻撃前に正当な資格を予め取得していたと推測されている。

被害を受けた電力配電会社は3社ともサイバー攻撃終了時にマルウェアKillDisk を実行され、いくつかのシステムが消去された。KillDisk は対象システムのファイルを削除し、マスターブートレコードを破壊することでシステムを動作不能にする特徴を持つマルウェアである。実際に、Windows ベースの RTU が KillDisk により書き換えられていたことが確認されている。

また、攻撃者は、変電所のシリアル・イーサネット変換装置のファームウェアを破壊することにより動作不能にした。

攻撃者は、無停電電源装置 UPS（Uninterruptible Power System）の遠隔管理インタフェースを介して、サーバを UPS から切断することも計画していた。加えて、電話システムへのサービス妨害攻撃を実施し、顧客からの問い合わせも妨害した。

KillDisk のほか、社内ネットワークから BlackEnergy が発見された。しかし、発見された BlackEnergy と停電の関係性は明らかになっていない。

（4）影響

ユーティリティスタッフが SCADA（Supervisory Control and Data Acquistion）を介さず手動モードでシステムを復旧したため、すべてのサービスは約6時間で復旧することができた。

（5）教訓

十分に準備を行った攻撃者が行う攻撃は単純なものではなく、複数の攻撃パターンを同時または同期して実行する可能性がある。重要度が高い制

IoT時代のサイバーセキュリティ　　93

御システムについては、このような複雑かつ高度な攻撃への対応についても検討することが望ましい。

8　日本国内のセキュリティインシデント事例

日本国内の制御システムでセキュリティインシデントが全く発生していないわけではない。例えば、日本の国内大手半導体メーカーで USB メモリを経由して品質検査を行う検査装置へマルウェアが感染した事例や、国内大手自動車メーカーで作業員が持ち込んだ端末がマルウェアに感染していた事例もある。

国内では、海外と異なり制御システムを対象としたサイバー攻撃の事例や制御システムを構成する機器の脆弱性に関する情報が公になることは少ないが、それがすなわち国内制御システムがサイバー攻撃を受けていないということにはならない。

9　新たな脅威動向

現実のセキュリティインシデント事例ではないものの、新たな脅威となる可能性がある例として PLC-Blaster、SHODAN と IoT (Internet of Things) 機器の悪用による制御システムの攻撃シナリオを紹介する。

PLC-Blaster[25] とは、特定ベンダの PLC を対象としたワーム型のマルウェアである。セキュリティをテーマとした国際会議である Black Hat Asia 2016 でドイツの研究者により発表された。他の機器を必要とせず、コントロー

ラ単独でもワームに感染する可能性が新たな脅威となった。PLC-Blaster に感染した PLC は C&C サーバと通信し、最終的に PLC をサービス不能または PLC の出力を不正に変更される可能性がある。

SHODAN[26] とは、インターネットに公開されている機器に関するさまざまな情報をデータベース化し、検索することができる Web サービスである。元は情報システムを構成する機器を検索対象としてデータベースに情報を構築していたが、その後制御システムを構成する機器にも対応した。例えば、SHODAN が対応する制御プロトコルには、Ethernet/IP、Modbus/TCP、DNP3、BACnet などがある。SHODAN は攻撃対象となる制御システムの探索に悪用される可能性があるため注意が必要である。

近年の Black Hat では、IoT 機器の悪用による攻撃シナリオが発表されている。例えば、ドローンを利用した工業用無線[27] への攻撃シナリオやラズベリーパイなどの小型端末を利用した風力発電システムへの攻撃シナリオ[28] が挙げられる。小型で少ないエネルギーで長時間稼動する IoT 機器は、一般的な利用者が使いやすい反面、攻撃者にとっても使いやすい機器となってしまう点に注意が必要である。

10 まとめ

本章では、制御システムを対象としたサイバー攻撃の脅威の動向を把握する上で必要となる前提（脅威と脆弱性、サイバーセキュリティの 3 要素、制御システムの現状と課題）を述べた後、制御システムのセキュリティインシデント動向、攻撃者と攻撃パターン、制御システムを対象としたマルウェア、海

外のセキュリティインシデント事例、国内のセキュリティインシデント事例、新たな脅威動向を述べた。

　本章で触れたように、多様化かつ高度化しているサイバー攻撃から制御システムを守るために、事業者は、運用者、ベンダ、業界団体など、さまざまなステークホルダとの連携が不可欠となる。「何（脅威）から守るか」を知ることは「どのように守るか」につながるため、ステークホルダ間でそのような情報を共有することはセキュリティ対策を講じる上で重要な要素となる。

　脅威動向の変化は速く、将来を予測することは難しい。そのため、最新の脅威動向に関する情報の収集を継続することが必要となる。最新の脅威動向は、インターネット上でさまざまな研究機関や企業などが公開している。また、国内外で開催されるセキュリティをテーマとした会議などに参加することで得られる情報も多い。加えて、業界別の ISAC（Information Sharing and Analysis Center）がある場合は、その中で情報交換することも有効である。

＜目黒有輝＞

【参考文献】

1) ICS-CERT：ICS-CERT Year in Review 2012

　https://ics-cert.us-cert.gov/sites/default/files/Annual_Reports/Year_in_
　Review_FY2012_Final.pdf

2) ICS-CERT：ICS-CERT Year in Review 2013

　https://ics-cert.us-cert.gov/sites/default/files/Annual_Reports/Year_In_
　Review_FY2013_Final.pdf

3) ICS-CERT：ICS-CERT Year in Review 2016

https://ics-cert.us-cert.gov/sites/default/files/Annual_Reports/Year_in_Review_FY2016_Final_S508C.pdf

4) ICS-CERT：Incident Response Pie Charts (YIR 2016 Addendum)

https://ics-cert.us-cert.gov/sites/default/files/FactSheets/ICS-CERT_FactSheet_IR_Pie_Chart_FY2016_S508C.pdf

5) SANS Institute：SANS 2016 State of ICS Security Survey

https://www.sans.org/reading-room/whitepapers/analyst/2016-state-ics-security-servey-37067

6) Symantec：W32.Stuxnet Dossier

https://www.symantec.com/content/en/us/enterprise/media/security_response/whitepapers/w32_stuxnet_dossier.pdf

7) ICS-CERT：ICS Focused Malware (Update A)

https://ics-cert.us-cert.gov/alerts/ICS-ALERT-14-176-02A

8) F-Secure：Havex Hunts For ICS/SCADA Systems

https://www.f-secure.com/weblog/archives/00002718.html

9) F-Secure：BLACKENERGY & QUEDAGH The convergence of crimeware and APT attacks

https://www.f-secure.com/documents/996508/1030745/blackenergy_whitepaper.pdf

10) ESET：WIN32/INDUSTROYER A new threat for industrial control systems

https://www.welivesecurity.com/wp-content/uploads/2017/06/Win32_Industroyer.pdf

11) MITRE：Malicious Control System Cyber Security Attack Case Study - Maroochy Water Services, Australia

https://www.mitre.org/sites/default/files/pdf/08_1145.pdf

12) SecurityFocus：Slammer worm crashed Ohio nuke plant network

http://www.securityfocus.com/news/6767

13) CERT/CC：MS-SQL Server Worm

https://www.cert.org/historical/advisories/CA-2003-04.cfm

14) CAIDA：The Spread of the Sapphire/Slammer Worm

http://www.caida.org/publications/papers/2003/sapphire/

15) RISI：Sobig Virus Strikes CSX Train Signalling System

http://www.risidata.com/Database/Detail/sobig-virus-strikes-csx-train-signalling-system

16) F-Secure：Blaster - One Year Later

https://www.f-secure.com/weblog/archives/00000258.html

17) IPA：コンピュータウイルス・不正アクセスの届出状況および相談状況

https://www.ipa.go.jp/security/txt/2016/q3outline.html

18) IPA：重要インフラの制御システムセキュリティと IT サービス継続に関する調査

https://www.ipa.go.jp/files/000013981.pdf

19) FBI：FBI Announces Two Arrests in Mytom and Zotob Computer Worm Investigation

https://archives.fbi.gov/archives/news/pressrel/press-releases/fbi-announces-two-arrests-in-mytob-and-zotob-computer-worm-investigation

20) SANS Institute：Media report of the Baku-Tbilisi-Ceyhan (BTC) pipeline Cyber Attack

https://ics.sans.org/media/Media-report-of-the-BTC-pipeline-Cyber-Attack.pdf

21) FBI：Former Security Guard Who Hacked Into Hospital's Computer System Sentenced to 110 Months in Federal Prison

https://archives.fbi.gov/archives/dallas/press-releases/2011/

dl031811.htm

22) BSI：The State of IT Security in Germany 2014

https://www.bsi.bund.de/EN/Publications/SecuritySituation/
SecuritySituation_node.html

23) BSI：Industrial Control System Security: Top 10 Threats and
Countermeasures

https://www.allianz-fuer-cybersicherheit.de/ACS/DE/_/downloads/
BSI-CS_005E.pdf?__blob=publicationFile&v=3

24) ICS-CERT：Cyber-Attack Against Ukrainian Critical Infrastructure

https://ics-cert.us-cert.gov/alerts/IR-ALERT-H-16-056-01

25) R. Spenneberg, M. Brüggemann and H. Schwartke：PLC-Blaster: A
Worm Living Solely in the PLC

https://www.blackhat.com/docs/asia-16/materials/asia-16-
Spenneberg-PLC-Blaster-A-Worm-Living-Solely-In-The-PLC-wp.pdf

26) JPCERT/CC：SHODAN を悪用した攻撃に備えて－制御システム編－

https://www.jpcert.or.jp/ics/20150609ICSR-shodan.pdf

27) Jeff Melrose：Drone Attacks on Industrial Wireless A New Front in
Cyber Security

https://www.blackhat.com/docs/us-16/materials/us-16-Melrose-
Drone-Attacks-On-Industrial-Wireless-A-New-Front-In-Cyber-
Security.pdf

28) Jason Staggs：Adventures in Attacking Wind Farm Control Networks

https://www.blackhat.com/docs/us-17/wednesday/us-17-Staggs-
Adventures-In-Attacking-Wind-Farm-Control-Networks.pdf

※いずれの URL も、2017 年 12 月 12 日確認

第4章
対策の動向

1. 対策の概要

1 概要

　制御システムのセキュリティ問題が重要対策課題として世界的に取り上げられるようになって十数年、世界的にその重要度が認識されるようになってきた。特に 2010 年の Stuxnet 以降、サイバーセキュリティに関わる技術進歩には目を見張るものがある。情報処理推進機構（IPA）、JPCERT/CC、そして技術研究組合制御システムセキュリティセンター（CSSC）の制御システムセキュリティに関わる普及啓発活動やガイドライン展開により、2010 年当時よりも制御システムセキュリティに関わるより多くの情報を入手できるようになった。そして、2015 年・2016 年のウクライナ問題、2017 年の大規模ランサムウェア被害、2020 年のオリンピック・パラリンピック対策など、これまで以上に制御システムセキュリティに対する関心はさらに高まっている。

　本章は制御システムにおけるサイバーセキュリティ対策の概要説明であることから、読者の皆様は従来のセキュリティ技術、そして現状最新の IoT、ビッグデータ、AI を活用した技術紹介を望まれていることだろう。その一方で、制御システムのサイバーセキュリティは最新技術だけでは解決できない。セキュリティ対策は基本的に攻撃者優先のいたちごっこ、シーソーゲームである。セキュリティホールを完全になくすことは不可能であり、セキュリティホールをなくすための継続的なメンテナンスが必要とされる。また、制御システムがセキュリティ機能に避けられるシステムリソースの問題や、立場によって制

御システムセキュリティの見方が異なる問題が存在する。本章ではその辺り
に着目しつつ、対策の方向性を紹介していく。

　議論を展開するに当たり、筆者と制御系セキュリティの関係に触れておき
たい。論文執筆と学生教育が本職の大学教員である筆者が制御システムセ
キュリティに関わる契機となったのは 2010 年の Stuxnet 問題からである。
2011 年 10 月から経済産業省の制御システムセキュリティ検討タスクフォー
スの評価・認証 WG の一委員として参加し、本格的に研究開発に取り組む
ようになったのは、2012 年 3 月に CSSC の設立からである。CSSC での経
験に基づき、本章では大学教員の目から見た問題の整理と対策の概要を紹
介してく。企業の方々には当たり前に思えることも多いかもしれないが、「大
学教員からはこんな風に見えるのか」と読んでもらえれば幸いである。

　制御システムのセキュリティ対策の難しさを説明するのに多用されるのが、
表 1 に示す情報系と制御系の違い[1] である。制御システムは、一度稼働す
ると 10 年単位で情報端末の OS は継続運用されることになる。更新時期は
Windows update ではなく、制御機器のメンテナンスに併せたものである。
情報系は情報の機密性、完全性、可用性（CIA；Confidentiality、
Integrity、Availability）の維持が主体であるが、制御系は可用性の維持
が主となる。自動車工場のように、複数のロボットアームが連携して動く生産
システムでは制御と通信のリアルタイム性が重要である。制御システムのセ
キュリティ問題が世界規模の問題になっている現在、セキュリティ意識が低
いというより、制御システムによるサービス維持のためにリアルタイム性を優
先しセキュリティを後回しにしているに近い。とはいえ、金融系にとってもリア
ルタイム性は重要である。東京証券取引所が導入している株の付け合わせシ

表1 情報系と制御系 [1]

項目	情報系	制御系
寿命	2～3年 Multiple vendors	20年ほど Single vendor
更新時期	定期的	機器更新時、非定期的
遅延	可（金融系は除く）	リアルタイム性を重視
可用性	非連続	24×365（連続）
セキュリティ意識	中程度	Poor
セキュリティ試験	定期的(標的型メール等)	機会があれば...(PoCレベル)

ステム「arrowhead」は5msecに1回の付け合わせを行う。ソフトウェアによるアルゴリズム取引を採用しても、5msecのリアルタイム株式取引には通信遅延という壁がある。光ファイバー内の光の速さは約20万km/sec（1kmに$5\mu sec$かかる計算）、東京大阪間に約500kmのケーブルが直線に引かれたとして、純粋なパケット往復時間は5msecである。リアルタイム性に対処するには、遅延を考慮した取引アルゴリズムを開発するか、もしくは取引所の近くに引っ越しするかになる。また、24時間365日のインターネットバンキングの時代に、情報システムの可用性の優先度が低いとはいえない。

　表1の制御系と情報系の違いがセキュリティ対策の難しさの要因であるのは事実である。一方で、制御システムに関わる人々の立場ごとにセキュリティ対策をどうするべきか問題の整理ができていない場合も多々ある。

　その1つの要因がユーザーとベンダーの関係である。技術者であっても、ユーザーとベンダーではセキュリティ技術に期待することが違う。1つの例が**図1**である。ユーザー企業がサブコン（Subcontractor、下請業者）を介

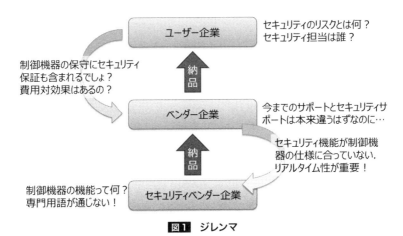

図1 ジレンマ

してベンダー企業の製品を利用する、サブコンがセキュリティベンダー企業と連携する、ユーザーが直接セキュリティベンダーにセキュリティ案件を依頼する、形態はさまざまである。とはいえ、大体、似たような意見になるだろう。

なお、図1のジレンマを解決するには、それぞれの立場における技術者の相互理解だけでは不完全で、経営者層への働きかけが重要である。セキュリティ対策は経営者責任と言われる今[2)3)]、経営層に訴えるさまざまな活動な活動や教育プロジェクトを通して本ジレンマが解決されていくことを期待したい。

2　制御システム全体から見たセキュリティ対策

表1のように、10年単位の稼働期間中に制御システムの仕様が劇的に変わらないとすれば、サイバー攻撃の手法は変わってもそれによって生じる状況（セキュリティインシデント）の種類は劇的に変わらないかもしれない。たとえそうだとしても、ユーザーはセキュリティインシデントが制御システムに、

会社に、顧客に、社会にどういった影響を与えるかをリスク分析し、対策の基本方針を作る必要がある。そして、基本方針に基づき、ベンダーを通じて自社の制御システムを更新しセキュリティレベル向上を維持する。制御システムの仕様更新や新しいセキュリティ機器が導入されれば、それを含めた上でのリスク分析を行い、継続的な PDCA（Plan、Do、Check、Action）に基づくセキュリティレベル向上を達成する。これがユーザーのセキュリティ対策となる。

　ユーザー会社は基本的に「ベンダーが 24 時間サポートをしてくれるなら、セキュリティ技術の導入は可能だ」、「技術導入前の動作検証（PoC ; Proof of Concept）はベンダーが責任を持って実施してほしい」という立場だろう。その一方で、ベンダーに発注するユーザー側の技術者がどのセキュリティ技術から導入すればよいかわかっているとは限らない。制御系のエンジニアがセキュリティ担当になった場合、自社で重大な事件が発生した経験がなければ、多くは何から始めるべきか困惑するはずだ。セキュリティ関連の展示会や学会に行っても、半分も内容は理解できなし、紹介される技術や機材も適正価格なのかが理解できないだろう。また、情報系のエンジニアが制御系のセキュリティ担当になった場合でも、制御系のエンジニアと最初から技術的な会話をするのは難しい。

　このような状況を打破するため、ユーザー企業向けの人材育成事業として IPA 産業サイバーセキュリティセンターが 2017 年 4 月から開始された。情報システムと制御システムに通じ、自社の業務や制御システムの特徴に基づく適切なセキュリティ要求事項を盛り込んだ仕様書を作成できる人材の育成などが目的となっている。とはいえ、年間 100 名規模のトレーニングである

ことを鑑みると、効果が表れるまでしばらく待たなければならない。

　セキュリティベンダーに自社の制御システムのセキュリティコンサルを依頼するのも解決策の1つかもしれないが、まずはユーザーとしてやるべきことがある。それが冒頭で述べたリスク分析である。

2.1　リスク分析

　1999年に発行された国際基本安全規格ではリスク分析を「利用可能な情報を体系的に用いて危害（人の受ける身体的障害若しくは健康障害、又は財産若しくは環境の受ける害）の潜在的源を特定し、リスクを見積もること」と定義している[4]。言い換えると、制御システムにおいて何らかのセキュリティインシデントが発生したときに、何を守るべきか、どこに連絡すべきか、誰が責任を取るか、などを第三者にもわかる形で文書化・データ化・マニュアル化することである。リスク分析によって、甚大な被害が発生する急所を特定できれば、そこから投資して制御システムのサイバー攻撃への耐性を上げることができる。もちろん、セキュリティ対策に完全はない。日々新たなセキュリティホールは発見され、常にシステムは危険にさらされるため、継続的なPDCAが求められる。これに関わる認証事業はJIPDEC（日本情報経済社会推進協会）がCSMS（Cyber Security Management System）として実施している[5]。

　リスク分析には、制御システムのQCD（Quality、Cost、Delivery）に着目した方法、HSE（Health、Safety and Environment）に着目した方法、セキュリティインシデントの危険度に着目した方法、さまざまな評価指標を適用できる。より詳細な方法はIPAの『制御システムのセキュリティリスク

IoT時代のサイバーセキュリティ　　107

分析ガイド』を参照されるのがよいだろう。一方で、最初から何らかの標準化を目指してリスク分析を実行すると上手くいかないこともあるかもしれない。例えば、QCD は製造業における重視すべき 3 要素[6] であり、Quality は製造品の品質、Cost は製造にかかるコスト、Delivery は製造品の納期を示す。また、HSE は石油・ガス事業で用いられるリスク管理方法であり、健康被害から事故、環境保全に対する影響を評価する。人に被害を与える事象が Health、装置の破壊など設備に影響を与える事象が Safety、環境、資源に影響を与える事象が Environment となる。CSSC と過去に実施した共同研究[7] では、製造業の制御システムのリスク分析には QCD より HSE の方がうまくいく場合があった。リスク分析のしやすさ、そのための評価指標を見つけるべきである。

リスク分析の代表的な方法に FTA（Fault Tree Analysis）、FMEA（Failure Mode Effect Analysis）、HAZOP（Hazard And Operability Study）がある。これらの方法は確率統計手法に基づくものであり、運用データが多いほど、詳細な解析が可能となる。一方で、確率統計手法を適用できるほど、セキュリティインシデントに関わる運用データが揃っていない、と指摘されることも多い。解決策の 1 つが本書籍の別節で紹介されているデータ活用型の早期異常検知技術である。詳しくはそちらの節を参照されたい。ここで言いたいことは、「セキュリティ運用データが揃っていないからリスク分析が正確にできない」は見当外れである、ということである。データが揃っていなくても、FTA、FMEA、HAZOP のフレームワークは活用できる。

例えば、HAZOP にはリスク分析のためのガイドワードがある。**表 2** のように制御システムのパラメータごとに正常状態からの「ずれ」リストを作成す

る。さらに、「ずれ」の原因例の列挙と制御システムへの起こりうる影響解析、現在の安全対策状況、リスク評価、必要な調査・追加安全対策検討、という順でリスク分析を実施する。そして、セキュリティインシデントは「ずれ」の原因例に入ってくる。もし、現状の安全対策でセキュリティインシデントを含む「ずれ」の原因に対処できるなら、追加のセキュリティ対策は必要ではなくなるだろう。対策がされていないなら、追加のアクションが必要となる。それは、セキュリティ教育による運用で対処できるか、ソフトウェアの適切な管理が必要か、ハードウェアの適切な管理が必要か、新たなネットワーク管理基準が必要か、それらは現状のリソースで実現できるものだろうか、最も脆弱な箇所に新しくセキュリティ機器を導入したときにシステム全体としてどれほど改善されるのか。ヒト、モノ、コト、カネ、さまざまな面から、自社のセキュリティ対策を考えなければならない。これが制御システムにおける多層防御の考え方[1]にもつながる。さまざまなセキュリティ機器を制御システムに

表2 HAZOP の例：プロセス制御系

パラメータ	ずれ	ずれの原因	影響	現在の安全対策	追加で必要な対策
流量	増加	アクチュエータの故障	停止はするが暴走しない	アラート	―
		センサの読み取りエラー	制御に影響はでない	アラート	―
		制御器の故障	制御不可	安全計装コントローラの動作	―
		操作端末の誤動作	一時的なら影響なし	対策なし	―
	減少	―	―	―	―

つぎ込むことが多層防御ではない。何を外注し、何を自社で対処するか、その振り分け方もユーザーの腕の見せ所となる。

さて、リスク分析を実行する際、自社の制御システムの異常状態・稼働がどういったものなのか、どこまでが正常どこからが異常なのか、異常を主軸としたモデル化をすることになる。このとき、制御システムの正常状態・稼働をまとめた操作マニュアルなどがあれば、それを元にリスク分析を効率的に進めることができる。言い換えるならば、操作マニュアルのバージョンが適切に更新され続けていることが重要である。文書化するにはシステムが巨大すぎる、操作にはエンジニアの経験と勘が必要で文書化が難しい、そんな場合にはマニュアルの動画化も選択肢に入る。この際、動画マニュアルの保存場所と保管方法が問題になる。そして、制御システムに関わる情報をどのように維持・管理するかはHAZOPにおける追加で必要となる対策（アクション）に関連する内容である。次節では、セキュリティ対策の事前・事中・事後対策に議論を移す。

2.2 事前・事中・事後対策

下記は工場におけるセキュリティ対策[8]を事前・事中・事後対策に分類した例である。項目1〜4がリスク分析に関連し、項目5は項目1〜4と並行して実施する人材教育である。項目6以降は応用編であり、ここからがセキュリティ機器の活躍となる。セキュリティ機器の適切な運用にはリスク分析と事前・事中・事後対策の整理が必要だからである。

● 項目1　システムの優先度の設定（事前対策）
　→何を優先的に守らなければならないのか？

● 項目2　システムのバックアップ（事前対策）

　　→何をどのタイミングでバックアップするか？

● 項目3　速やかな情報連絡・共有ラインの確立（事中対策）

　　→誰（警察、社内、顧客など）にどの順番で情報を連絡・共有するのか？

● 項目4　速やかな復旧ガイドライン（事後対策）

　　→サイバー攻撃、機器故障に限らず。優先順位にそった回復をどのように実現するのか？

● 項目5　セキュリティトレーニング（教育）

　　→メール、パスワードなどの基本事項、マルウェアの進入経路に関する知識の獲得

　　→高度なサイバー攻撃に対する意識改革ではなく、軽度なサイバーインシデントに対する意識改革が優先

● 項目6　システム（情報系と制御系）の通常状態の設定・可視化（事中対策）

　　→システム変更時の振る舞いと異常な振る舞いを分類

● 項目7　速やかなバックアップのためのインフラ（事後対策）

　　→ OS イメージや仮想システムの採用

　前項でモデル化という言葉に触れたが、上記対策を制御システム上で実現するのをわかりやすくするために典型的な制御システムのモデルを**図2**に示す。ここで機器の名称を整理しておきたい。オフィスネットワークに加えて、基幹系情報システム（ERP；Enterprise Resources Planning）、製造実行システム（MES；Manufacturing Execution System）、制御端末（SCADA；Supervisory Control And Data Acquisition）、制御器（PLC；

Programmable Logic Controller)、そしてアクチュエータやセンサなどのI/O機器で上位系から下位系が構成される。制御システムにOSI参照モデルを適用すると、ERPからI/O機器はレイヤ4からレイヤ0に対応する。工場内の制御機器を繋げるネットワーク技術として、PROFIBUS、EtherCAT、CC-Link IEなどがあり、各プロトコルにおいて通信プロトコル間での連携、セイフティ・セキュリティ機能が展開されている。さらに、ネットワークの集中管理と仮想化を実現するSDN（Software Defined

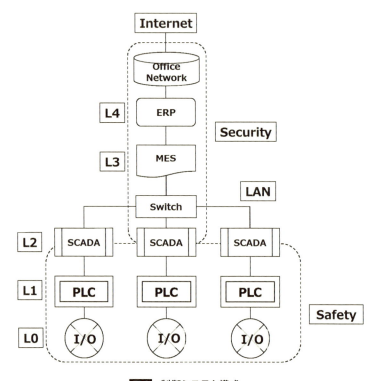

図2 制御システム構成

Network）の計測・制御ネットワークへの展開も検討されている。また、システムによっては、PLC 間で直接的にネットワークの接続が実施される[9]。

　もし製薬関係の制御システムならば、レシピ情報が保護対象として高い優先度に設定されるだろう。項目1は図2におけるセキュリティレイヤ（L2 ～ L4）のシステム保護が優先となる。そして、項目2はレシピ情報関連となる。もし、レシピ情報に関わるデータ処理のリアルタイム性の要求が低いなら、暗号化技術の採用も可能だろう。また、反応暴走が発生するような化学プラントでは図2におけるセイフティレイヤ（L0 ～ L2）のシステム保護が優先される。実際、L3 以上が全部停止しても継続稼働が可能なように、L1 やL0 の冗長化が行われている場合がある。このレイヤでの暗号化技術の採用はまだ先のことになるが、リアルタイム性が要求されないメンテナンス時などの限られた状況での採用は検討に値するかもしれない。また制御システムにおける保護対象の優先度の明確化が必要な項目3と項目4は事前のリスク分析が重要である。

　さて、項目2と項目4に関して技術的な補足をしておきたい。セキュリティ対策として非常に重要なのが、ログの管理である。ログのバックアップはもちろん、セキュリティインシデントが発生したときの制御システムの運転状態がどれだけ把握できるかで、システム復旧時の二次災害の回避、さらにはその後の予防対策立案（フォレンジック）に影響が出てくる。システムが突如ダウンしても、ログをセキュアに管理できる仕組みは各機器単位だけでなく、ネットワーク連携も含めた上で必要となる。また、2017 年の世界的なランサムウェアの拡散は、制御システムのバックアップの重要性を強烈に印象付けるものである。ウィルスが発症すると感染したシステムのファイルを暗号化し、身代

金が支払われるまで暗号化を維持するのがランサムウェアの基本機能である。ランサムウェアには多くの亜種が発生し、身代金を払ったとしてもファイルの復号がうまくいかないというケースもある。制御機器のバックアップの優先度はこの数年で格段に上昇したといえる。

　項目6に関しては、現状製品の多くはネットワークの可視化に関するものである。例えば、DPI（Deep Packet Inspection）ツールはネットワークに接続されている機器のIPや接続関係を明らかにする。通常はヘッダ部やプロトコルのデータ部だけに対応する。制御システム専用の通信プロトコルに対応したものになると、ペイロードまで検査し、LAN上に流れる制御コマンドまで可視化する段階に入りつつある。とはいえ、制御システムの多くの通信プロトコルはユーザーシステムごとに作り込まれていることが多く、即座にDPIツールを適用できるとは限らない。とはいえ、制御システムのネットワークの正常状態を可視化・モデル化する上では強力なツールであるのは確かである。

　制御システムの正常状態をモデル化できると、正常状態からの逸脱を異常として検知できるようになる。これが不正侵入検知システム（IDS；Intrusion Detection System）と不正侵入防御システム（IPS；Intrusion Protection System）である。前者は異常検知機能までだが、後者は防御機能が入る。異常通信コマンドの遮断や特定ネットワークの切断が防御機能に入っていると、制御システムのメイン機能へ影響することになる。ユーザーの多くはセキュリティ機能が、制御性能、安全機能、コストの足を引っ張るかどうかが需要である。情報のリアルタイム性の要求が低いSecurityレイヤではIPSを基準としたセキュリティ対策を、制御のリアルタイム性が必要な

114　　第4章　　対策の動向

Safetyレイヤでは IDS を基準としたセキュリティ対策を、導入することになる。特に制御システムにおいては、制御のリアルタイム処理と相性が良いとされるホワイトリスト機能が重用される。

　一方で、制御システムの正常状態をモデル化する上で問題となるのが、何を基準（ノミナル）とし基準からのずれ（不確かさ）をどこまで許容するかである。PLC レベルで考えると、制御プログラムは常にメンテナンスされていて、操作マニュアルには最新の状態が掲載されていない。季節ごとに動作状態が変わるようなシステムでは、PLC の制御パラメータも季節ごとに変わる。壊れた PLC は即座に交換されるため、IP 情報は保持されても MAC アドレス情報は変更するかもしれない。メンテナンス時にだけネットワークに接続される PLC のエンジニアリング PC や、緊急時にしかネットワークを流れないアラートコマンドは正常状態のモデルとして含めるべきなのか。列挙するとキリがないだろう。この部分に関しては、サブコンやセキュリティベンダーと連携し、解決していかなければならない。

3　ベンダー

　ここまででセキュリティ対策の概要をある程度述べたが、残りはユーザーの部分で触れられなかった内容をベンダー部分で述べたい。

　ユーザーが制御システムの運用も含めた全体のセキュリティに着目しているとしたら、ベンダーは制御機器毎のセキュリティ機能の向上が要求されることになる。Stuxnet 以降、制御用操作端末や制御用ネットワークスイッチを対象としたセキュリティ製品の開発が精力的に行われるようになった。日本は

世界に先駆けて民間主体で制御システムの標準化に乗り出した国である。コントローラにおける標準化は CSSC が EDSA 認証を請け負っている。コントローラはセンサとアクチュエータなどの I/O 機器との接続に加え、開発用の会陰ジニアリング PC と接続するための通信ポートが用意されている。EDSA はこの通信ポートの脆弱性に注目した認証である。また、次の節で扱われることになるが、ホワイトリスト製品が制御システムでは有効策として注目を浴びている。

　制御機器へのセキュリティ機能の実装において重要なのが、機能選択の幅である。例えば、ホワイトリスト製品に共通するのは、システムの正常状態からのずれを異常として検知し、その異常となる要因の実行抑止をすることにある。すなわち、正常状態のリスト化（ホワイトリスト）、リストに基づく状態監視、そして、異常検知時の状態抑制の 3 段階になる。ホワイトリストにおいては、制御機器毎に異なる。Windows OS を主軸とするような制御機器は制御時に利用されるアプリケーションソフト、exe ファイルや dll ファイルをホワイトリストに登録する。ネットワークスイッチでは情報通信の送信元と送信先の IP の組み合わせとなる。DPI 機能を有するネットワーク機器の場合は通信ペイロードまでホワイトリストに加える場合があるだろう。状態監視に関しては、制御に関連するコマンドや通信を監視すればよいので、スキャン時の負荷は制御のリアルタイム性を阻害しない形で実現できる。この種の製品で状態監視に関わるシステム負荷は許容されない。最後に抑制機能であるが、これが適用対象によって機能選択が求められる。すなわち、機能選択の幅が求められる。

　例えば、ネットワークスイッチの場合、抑制機能は異常と判断された通信

パケットを削除する、もしくはネットワーク接続を遮断することである。もし PLC が別の機器から送信されるリアルタイム情報に基づき動作するなら、ネットワーク接続の遮断は PLC 動作の阻害、最終的には I/O 機器の動作の阻害になる。別の章でも解説されているが、制御システムにとって I/O 機器の継続稼働が重要である。情報システムと制御システムの違いはアクチュエータやセンサなどの I/O 機器の存在の違いである。センサ情報に基づき PLC 内のプロセッサがアクチュエータの動作を決定する。照明機器なら照明の ON/OFF を制御し、冷暖房システムなら室温の上げ下げを制御する。すなわち、ホワイトリストにおける抑制機能は情報世界だけでなく現実世界にも影響を与える。

　情報世界の脅威が現実世界にも影響を与えるのが制御システムセキュリティの怖さであるが、これは同時にセキュリティ機能の誤動作が現実世界にも影響を与えることも意味する。ユーザー企業がセキュリティ製品の導入に慎重なのも当然である。したがって、制御システムのメイン機能に影響を与えるようなセキュリティ機能には機能選択の幅が求められる。ホワイトリストにおいて抑制機能を有効にするには、ユーザーやサブコンとの連携が必須である。もちろん、他のセキュリティ製品についても同様である。

　何度か述べたが、セキュリティ対策は基本的に攻撃者優先のいたちごっこ、シーソーゲームである。異常の原因解析のために、コントローラに外部から参照可能なログ機能を追加すると、攻撃者はそこを狙ってサイバー攻撃を仕掛ける可能性がある。中途半端なセキュリティ機能は攻撃者の格好の的になりかねない。言い換えると、攻撃者の土俵で闘う必要はない。そういった意味で、制御システムは安全計装という技術を利用できるだろう。例えば、安

全計装コントローラはメインのコントローラが故障すると、バックアップとして即座にメインコントローラのタスクを引き継ぐ。現状、DCS（Distributed Control System）のような比較的高価な制御機器に導入されている技術であり、メイン系とバックアップ系がほぼ同じ場所に設置されていたり、制御用 OS が同一だったりする。セキュリティの面から、メイン系とバックアップ系はセキュアな専用ネットワークで繋げる、メイン系とバックアップ系で制御用 OS を変えるなどの対策もできるだろう。

4　これからの備え

　2010 年の Stuxnet は制御システムのセキュリティ技術開発を促進する契機となったが、それから数年は制御システムを標的とした大きなサイバー事件はなかったとされている。それが最近、ウクライナ電力網のサイバー攻撃によるブラックアウト、制御システムを標的としたランサムウェアなど、一気に全世界で拡大・表面化し始めた。制御システムのセキュリティ対策は冷静な分析とダイナミックな判断が要求される時代となった。一方、日本は民間主体のセキュリティ活動が活発な世界有数の国でもある。これからも産官学が密接に連携し、日本の安全安心を守り、それを世界に展開していくことを期待したい。

＜澤田賢治＞

【参考文献】

1) 制御システムのサイバーセキュリティ：多層防御戦略、JPCERT/CC

2) 経営としてのサイバーセキュリティ すべてがつながる時代に向けて：NTT サイバーセキュリティ研究会（2015）

3) 情報処理推進機構：サイバーセキュリティ経営ガイドライン解説書（2017）

4) 経済産業省：リスクアセスメント・ハンドブック実務編（2011）

5) 土屋大洋監修：仮想戦争の終わり、サイバー戦争とセキュリティ、角川学芸出版（2014）

6) 伊藤賢次：QCD 概念の意義の再検討、日本生産管理学会、6(1)（1999）

7) 望月明典、澤田賢治、新誠一、細川嵩、奥村剛：ペトリネットに基づく制御システムのモデルベースセキュリティインシデント解析、平成 28 年電気学会電子・情報システム部門大会、1140-1145（2016）

8) Factory Security：Don't Be an Unintentional Shark、By Eric Ehlers、Marketing Manager/Manufacturing & Energy Subject Matter Expert、Cisco

9) 澤田賢治：総論「産業システム連携のこれから－特集号発刊によせて」、計測と制御、57(1)、2-3（2018）

2. ホワイトリスト

1　ホワイトリストの技術概要

　本節では、制御システムの対策技術の1つであるホワイトリストに関する防御技術について述べる。ホワイトリストの防御技術は、情報やプロセスを適切に管理できるアクセス制御技術で構成されている。ホワイトリストはアクセス制御技術に対して、検知と防御という観点で異なるが、技術の整理としてアクセス制御の一部として述べる。

　このアクセス制御技術は、3つのフィルタと呼ばれる技術で不適切な指示を防御することができる。それぞれのフィルタには利点欠点があり、単一ではなく、組み合わせで利用することが多い。実運用上分けられたフィルタとして、通信を対象とするネットワークベースと機器内のファイルやプロセスを対象とするホストベースをアクセス制御の定義で検討する。このフィルタには、良い振る舞いをリスト化して、リストに含まれないものを防御するホワイトリスト方式と悪い振る舞いをリスト化して、リストに含まれるものを防御するブラックリスト方式があり、それぞれ利点と欠点がある。これらの方式の利点・欠点を整理し、制御システムにホワイトリストが適用しやすいことを示す。

1.1　アクセス制御

　制御システムに関係するさまざまな設備の安全や機密情報を適切に管理するためにアクセス制御と呼ばれる技術を利用することがある。アクセス制御

は、文字どおり接続（アクセス）を制御（コントロール）する技術で、ユーザーがある情報へ接続する際に、その接続を許可するか否かの制御を提供する技術である。

アクセス制御技術の概要としては、以下の 3 つの要素で構成されている。

① アクセスを能動的に行う主体（subject）

② アクセスを受動的に受ける対象（object）

③ アクセス制御を実行するリファレンスモニタ

主体の多くは、ユーザーまたはプロセスである。例として、計算機にアクセスするユーザーや、計算機システムの命令の 1 つであるプロセスである。対象の多くは、ユーザーファイルである。例として、主体であるユーザーは対象であるユーザーファイルを読み書きするためアクセスする。リファレンスモニタはアクセス制御の実行モジュールである。

例として、ユーザーからユーザーファイルへアクセスする場合に、インタフェースとして間に入り、そのアクセスを許可するか否か制御する。

1.2　アクセス制御とホワイトリストの関係

本節の技術の整理として、主体、対象、リファレンスモニタは必要であるものの、アクセス制御とホワイトリストの技術的な背景は異なる。ホワイトリストは検知機能だけの制御機能のない製品が存在する。検知機能は警告を出すものにすぎない。その違いを把握した上で、アクセス制御として検討する。

アクセス制御技術の概念としては、さまざまな機器に適用されている。例として、計算機のログインをはじめ、ファイアウォールや侵入防止システム（IPS；Intrusion Prevention System）などもその 1 つといえる。これら適用の多

くのリファレンスモニタは、アクセス制御におけるさまざまな特徴を持つ。このモニタは、アクセスの内容、主体の情報、対象の情報、その他の情報を元に、制御を実行するためのポリシーに従って動作する。一般のアクセス制御は、このポリシーのモデルがさまざま提案されており、Bell-LAPadula モデルや Biba モデルなどがあるが、今回は例に挙げたファイアウォールや IPS のポリシーのモデルであるフィルタという関係性で考える。

フィルタとアクセス制御の関係性を**図1**に示す。この関係性を用いて、さまざまなセキュリティ機器と呼ばれる技術を整理する。

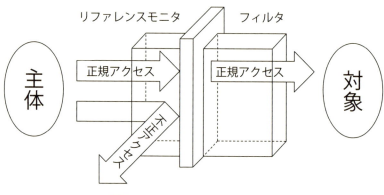

図1 フィルタとアクセス制御の関係

1.3　フィルタ技術

アクセス制御技術は、フィルタと呼ばれる技術で不適切な指示を防御することができる。

その防御の方法として、特徴のある 3 つのルールを作る。

① シグネチャベース

② アノマリベース

③ ステートフルベース

シグネチャベースは、対象を特定のパターンとしてルールを作る。作った
ルールと監視対象を比較することで、その一致・不一致で活動を制限する。
アノマリベースは、一定期間にわたって観測し、観測内容からプロファイルと
してルールを作る。このプロファイルは単なるパターンではなく、しきい値で
関連づけられる。そのしきい値の範囲で監視対象を比較して活動を制限す
る。ステートフルベースは、状態の概念をもった要素について、ある標準に従っ
た状態遷移モデルをルールとして作る。状態遷移モデルは、その状態を認識
して追跡することができる。追跡した結果、監視対象が不適切な状態であ
れば活動を制限する。

1.4 フィルタ技術の利点と欠点

これらのフィルタは、さまざまな利点・欠点を持つため、単一ではなく組
み合わせて利用することが多い。それらの利点・欠点を整理する（**表1**）。

表1 各種フィルタの利点と欠点

	処理速度	ルール生成難易度	リソースの消費	制御できる可能性
シグネチャベース	速い	やさしい	少ない	低い
アノマリベース	普通	難しい（環境構築）	少ない	高い
ステートフルベース	普通	難しい（モデル構築）	多い	高い

IoT時代のサイバーセキュリティ　123

処理速度に関しては、シグネチャベースは一致、不一致の判定になるため最も速い。アノマリベースやステートフルベースは、判定に単なる一致、不一致ではないため、シグネチャベースと比較して遅くなる。

　ルール生成難易度に関しては、シグネチャベースは特定のパターンでルールを作れる場合についてはやさしいが、アノマリベースやステートフルは特定の条件を満たしてルールを作るため、難しい。ただし、アノマリベースとステートフルベースのそれぞれの難易度の意味が異なる。

　アノマリベースは一定期間観測してルールを生成するため、その観測環境に依存して難易度が異なる。観測期間中はルールとして誤りがない一貫した環境でなければならない。具体例としては、観測しなければならない条件が一貫して正常状態にしなければならないものの、異常状態になってしまった場合、異常状態を正常状態と誤認識してしまう可能性がある。

　ステートフルベースは、ルールを作るために状態モデルを作らなければならない。この状態モデルを構築することが難しい。具体例としては、TCP/IPなどの既存の通信状態をモデル化する場合などは容易であるが、プラント全体の動作モデルなど既存の状態モデルがない場合は、モデルの定義が必要である。

　リソースの消費に関しては、ステートフルベースはある通信状態を監視し始めた場合、その状態を追跡しなければならない。追跡は通信ごと実施しなければならないため、多くのリソースを消費する。シグネチャベースやアノマリベースのように単体のアクセスで処理できれば、リソースの消費は少ない。

　制御できる可能性に関しては、シグネチャベースはパターンの一致・不一致の機能以外はないため、詳細に制御できる可能性は低い。アノマリベース

はしきい値で比較できるため、範囲で制御できる可能性はシグネチャと比較して高くなる。ステートフルベースは状態をルールに組み込めるため、状態という別の基準を利用して制御できる可能性はシグネチャと比較して高くなる。

このようにフィルタの制御方式も一長一短であるため、それぞれの環境や目的などに応じた方式を用いる必要がある。

1.5　実運用上のフィルタの対象

フィルタの対象は実運用上の機器やソフトウェアとして、ネットワークベースとホストベースの2つが考えられる。

① ネットワークベース

② ホストベース

これらの関係性を図2に示す。

図2　ネットワークベースとホストベースの関係性

ネットワークベースは、制御の外内部を含めたネットワークセグメントまたはネットワーク装置のネットワークトラフィックを対象とし、ネットワークプロトコルおよびアプリケーションプロトコルの活動を制御する。ネットワークベースの具体的な装置例は、ネットワークスイッチやセキュリティゲートウェイ、ファイアウォールや計算機などがある。アクセス制御に関して整理した場合、ネッ

トワークベースは、主体が通信元となるユーザーもしくは機器、対象が通信先となるユーザーもしくは機器、ファイルなどのリソースが考えられる。

ホストベースは、単一のホストの特性と、そのホストの内部を対象に主体の活動を制御する。ホストベースの具体的な装置例は、計算機内のソフトウェアなどがある。アクセス制御に関して整理した場合、ホストベースは、主体がユーザーもしくはプロセス、対象がファイルなどのリソースが考えられる。

1.6 ホワイトリストとブラックリストの特徴

フィルタは、作ったルールと監視対象を比較することで、その一致・不一致により活動を制限できる。作ったルールについて、良い振る舞いをルール化して、そのルールに含まれないものを防御するホワイトリスト方式と呼ぶ。アクセス制御の定義で記述すると、ホワイトリストのポリシーは受け入れるべき主体をリストに記載し、リストに記載された主体が対象へアクセスする場合にそのアクセスを通過する制御を行う。ホワイトリストは、受け入れるためのリスト化が必要であるため、主体を通常動作かつ問題のないアクセスとしてリスト化しなければならない。すべてのアクセスを特定し、そのアクセスリストを更新・維持していくことになる。特定できない未知なる脅威に関しては拒絶できる。また、多くのアクセスに脅威がある場合や、そのアクセスが比較的容易に特定できる環境は有効に機能する。しかしながら、問題のないすべてのアクセスをリスト化していなければ、主体が対象にアクセスできない場合がある。

一方、悪い振る舞いをルール化して、そのルールに含まれるものを防御するブラックリスト方式と呼ぶ。ブラックリストは拒絶すべき主体をリストに記載

し、リストに記載された主体が対象へアクセスする場合にそのアクセスを妨害する制御を行う。ブラックリストは、拒絶するためのリスト化が必要であるため、脅威として特定すべき脅威リストを更新・維持していくことになる。特定できる既知の脅威に関してのみ拒絶できる。多くのアクセスに脅威がない場合やそのアクセスが比較的容易に特定できない環境は有効に機能する。しかしながら、特定できない未知なる脅威に関してはアクセスを制御または拒絶できない。

これらの特徴から、ホワイトリストは False Negative が低く抑えられる。False Negative とは、異常動作を正常動作として誤ることを示す。上記で挙げた例としては、特定できない未知なる脅威に関して、アクセスを拒絶できることを示す。逆にブラックリストは False Positive が低く抑えられる。False Positive とは、正常動作を異常動作として誤ることを示す。上記で挙げた例としては、特定できる既知の脅威に関してのみ拒絶できることを示し、脅威以外を拒絶することが少ない（**表 2**）。

表2 **ホワイトリストとブラックリスト**

	異常動作を誤る確率	正常動作を誤る確率
ホワイトリスト	低い	高い
ブラックリスト	高い	低い

1.7　制御システムにおけるホワイトリストの利点

ホワイトリストが制御システムへ採用される理由は、制御システムの運用が安全を考慮した設備の保全を推進していることに関連している。制御システムの設備の保全は、一般に現状の安全をできる限り長期に確保することを優先している。そこで、制御システムの設備は一度導入が決まれば同じ設備

IoT時代のサイバーセキュリティ　　127

で長期間運用されることになり、設備の追加や修正は非常に厳密に行われる。設備の追加や修正において、制御システムとITシステムを比較した場合、制御システムはシステムの更新頻度が一定かつ少ないことと、更新による機能追加をある程度限定できる。よって、機能の限定と少ない更新であるため、ITシステムと比較した場合、制御システムがホワイトリストのルールを比較的容易に作れる。また、ホワイトリストの更新は新たな脅威に対応する形での更新がない。

　ホワイトリストが、特に末端のITシステムへ採用しづらい理由は、ITシステムの運用がセキュリティを考慮した設備の機能追加や更新を推進していることに関連している。ITシステムの設備のセキュリティは、一般に現状の機能をできる限り速やかに更新することで確保することを優先している。そこで、ITシステムの設備は一度導入が決まっても比較的設備の追加や修正は柔軟に行われる。設備の追加や修正において、制御システムとITシステムを比較した場合、ITシステムはシステムの更新頻度が不定期または速やかにかつ、出来るだけ多いことと、更新による機能追加を限定できない。よって、機能の追加や更新のたびにホワイトリストを更新しなければならない。

　次項から本節で整理した特長を用いて、既存ホワイトリスト製品やホワイトリスト研究の動向を述べる。

2　ホワイトリストに関する製品と研究

　ホワイトリストの動向を把握するため、8つのホワイトリスト製品と6つのホワイトリスト研究について検証する。8つのうちの5つのネットワークベース

製品については、製品のタイプによって異なる制御対象の違いと、フィルタはシグネチャベースを主機能にしていることがわかった。8つのうちの3つのホストベース製品については、製品のタイプは同一で、フィルタはシグネチャベースの単体機能であることがわかった。

6つのうちの5つのネットワークベース研究については、対象がHuman Machine Interface（HMI）とProgrammable Logic Controller（PLC）の間の通信を中心に検討され、フィルタはステートフルベースによって詳細な制御ならびに検知を中心に検討が進められている。6つのうちの1つのホストベース研究については、対象がURLで、フィルタはシグネチャベース単体で、製品化の影響で活発な研究活動はあまり見られなかった。

2.1　ネットワークベースのホワイトリスト製品

ここでは、CSSCで検証した5つの製品について、4つの製品のタイプによって異なる制御対象の違いと、2つのフィルタを用いて、シグネチャ単体もしくは、主機能をシグネチャベースにし、主機能を補助するアノマリベースの学習を用いていることがわかった（**表3**）。

TiFRONTは、製品のタイプがレイヤ2スイッチであるため、アクセス制御の主体と対象は、制御内部の通信を対象にしていると考えられる。フィルタはシグネチャベースであるため、あらかじめ主に主体に対してホワイトリストの登録を必要とする。

Check Point 1200Rは、製品のタイプがセキュリティゲートウェイであるため、アクセス制御の主体と対象は、外部から内部もしくは、内部から外部を通信対象としていると考えられる。フィルタはシグネチャベースである。

表3 CSSC で検証した 5 つの製品

製品名	TiFRONT	Check Point 1200R	FortiGate60D
会社名	PIOLINK.Inc	Check Point Software Technologies Ltd	Fortinet
製品のタイプ	レイヤ 2 スイッチ	セキュリティ ゲートウェイ	分散拠点向け ファイアウォール
フィルタ	シグネチャベース	シグネチャベース	シグネチャベース

製品名	ICS Ranger	AX2005 S シリーズ
会社名	TEAM8	アラクサラネットワークス株式会社
製品のタイプ	計算機	レイヤ 2 スイッチ
フィルタ	シグネチャベース アノマリベース	シグネチャベース アノマリベース

　FortiGate60D は、背品のタイプが分散拠点向けファイアウォールである
ため、セキュリティゲートウェイに類似すると考えられる。フィルタはシグネチャ
ベースである。

　ICS Ranger は、製品のタイプが計算機であるため、多くは制御内部の通
信機器に接続して動作する。フィルタは主機能としてシグネチャを用いている
が、シグネチャの作成を補助する機能としてアノマリベースの学習機能を用い
ている。

　AX2005S シリーズは、製品のタイプがレイヤ 2 スイッチである。フィルタ
はシグネチャベースを主機能に、学習機能のアノマリベースを副機能とする。

　製品を検討する上での注意点を制御対象とフィルタでそれぞれ明記する。

　制御対象が製品のタイプで異なる。特に計算機は、他の通信機器などと
違い、機器の追加によって効果が得られる。追加された機器の通信が対象

となる。追加による設定変更が必要な場合もあり、その追加される機器がポートミラーリング機能を有していることが望ましい。ポートミラーリング機能とは、スイッチやルータが持つ機能で、あるポートが送受信するデータを同時に別のポート（ミラーポート）から送出することで、通信の監視が可能になる。また、計算機の機能として、制御までは至らずモニタリングおよび検知に留まることがあるため、制御すべきか、警告のみの通知で問題ないかなどを別途検討しなければならない。

　フィルタは、シグネチャベース単体と比較するとルール生成の自動化が見込めるため、利用者のルール生成の負担が軽減される。しかし、ルール生成を行うための期間や環境の適切な設定が課題となる。その期間や環境の適正性については利用者に委ねられていることが多い。最も自動学習において効果的な環境は、新設のシステム、かつそのシステムのすべての試験を実施する際である。その場合であれば、既設システムに潜んでいるコンピュータウイルスや、通常運転では発生する可能性の低い警報システム等も学習することができ、ルールの適正性が比較的容易に確保できる。

2.2　ホストベースのホワイトリスト製品

　ここでは、CSSC にて検証した 3 つの製品について、ホストベースの製品のタイプは同一であるものの、Windows 以外の機器を対象外としていること、フィルタは、シグネチャ単体であった。

　McAfee Application Control は、製品のタイプがソフトウェアであるため、アクセス制御の主体と対象は、プロセスやプロセスの元となる実行ファイルを主体とし、対象はリソースとする機器内部と考えられる。フィルタ種別は

IoT 時代のサイバーセキュリティ　　**131**

表4 CSSC で検証した 3 つの製品

製品名	McAfee Application Control	Lumension Application Control	Trend Micro Safe Lock
会社名	Intel Security	Lumension Security.Inc	TREND MICRO
製品のタイプ	ソフトウェア	ソフトウェア	ソフトウェア
フィルタ	シグネチャベース	シグネチャベース	シグネチャベース

シグネチャベースであるため、あらかじめ主に主体に対してホワイトリストの登録を必要とする。Lumension Application Control や Trend Micro Safe Lock についても、上記とほぼ同等の機能を持つ。

　製品を検討する上での注意点を制御対象とフィルタでそれぞれ明記する。

　制御対象は、導入した計算機内のプロセスやアプリケーションが対象となる。ただ、計算機といってもこれらソフトウェアはオペレーティングシステムとして Windows を対象としており、Linux などを導入している計算機は対象外である。

　フィルタは、シグネチャベース単体を用いている。アノマリベースのような製品は少ないが、シグネチャベースに登録を容易にするために補助機能を有している場合がある。例えば、ユーザーに警告を促し、シグネチャ登録すべきか否かを確認する機能などがある。ただし、ホストベースのアンチウイルスソフトの場合、制御までは実施できるが、駆除できないことがある。駆除する場合は従来のブラックリスト型のソリューションが必要である。

2.3 ネットワークベースのホワイトリスト研究

　ここでは、CSSC で調査した 5 つの研究について、制御対象として HMI と PLC の間の通信を中心に検討が進められていることがわかった。フィルタは、ステートフルベースに特徴を持たせて、詳細な制御ならびに検知を中心に検討が進められていることがわかった（**表 5**）。

表5　ホワイトリスト研究①

論文	文献 2)	文献 3)
制御対象	仮想環境における HMI と PLC の間の通信	実環境における HMI と PLC の間の通信
フィルタ	ステートフルベース	シグネチャベース アノマリベース ステートフルベース

論文	文献 4)5)
制御対象	実環境におけるスター型もしくはリング型の制御ネットワーク内のサーバ PC と通信機器の間の通信および Office Network から同ネットワーク内にファイアウォールを越えてくる通信
フィルタ	アノマリベース

論文	文献 6)	文献 1)7)8)
制御対象	実環境における demilitarized zone(DMZ)を通過する通信と，HMI と PLC の間の通信	実環境における HMI と PLC の間の通信, PLC と Field I/O(FIO)の間の通信および信号
フィルタ	アノマリベース	シグネチャベース アノマリベース ステートフルベース

文献 2) は、制御対象が HMI と PLC の間の通信であるため、アクセス制御の主体と対象は、主に HMI から命令を送信するユーザーとし、PLC を対象にしていると考えられる。フィルタはステートフルベースであるため、プラント全体を異常状態にする可能性のある PLC の動作をあらかじめモデル化し、そのモデルと合致した場合に警告を出す。

3) も、制御対象が HMI と PLC の間の通信であるため、主に HMI から命令を送信するユーザーとし、PLC を対象にしていると考えられる。フィルタは、主機能としてシグネチャベースで、副機能としてアノマリベースの学習機能を持つ。さらに Modbus と呼ばれる制御通信プロトコルを対象に、ステートフルベースとして、通信状態を決定性有限オートマトンでモデル化している。

文献 4) および 5) は、制御対象がスター型もしくはリング型の通信であるため、すべての制御通信が閲覧しやすい環境であり、アクセス制御の主体と対象は絞りづらい。文献 2) や 3) と同等であること、さらには端末が主体となり、別のリソースを対象としてデータの読み書きする通信も含まれることが考えられる。また、ファイアウォールを超えてくる通信も対象としている。フィルタは、アノマリベースで通信を学習している。その学習から検知の条件を整理している。

文献 6) は、制御対象が DMZ を通過する通信であるため、アクセス制御の主体は主に外部ネットワークから命令を送付するユーザーとし、HMI や PLC など内部のリソースを対象にしていると考えられる。もう 1 つの対象は、文献 2) や 3) と同等である。フィルタは、アノマリベースで通信の学習で通常通信を把握した後に、通信ごとのスコアを生成し、通常と異常との値をしきい値で判別している。

CSSC が研究として取り組んでいる文献 1)、7)、8) は、制御対象が HMI と PLC の間、PLC と FIO の間の通信と信号であるため、アクセス制御の主体と対象は、HMI と PLC の間は、他の研究と同等、PLC と FIO に関しては、主体は PLC で、対象は FIO となる。フィルタは主機能としてシグネチャベースで、副機能としてアノマリベースの学習機能を持つ。さらに通信ではなくプラント全体の動作を対象に、ステートフルベースとして、動作状態を実プラントの環境に合わせて定性的に有限オートマトンでモデル化している。

2.4 ホストベースのホワイトリスト研究

ここでは、CSSC にて調査した 1 つの研究について、対象としては URL であることと、フィルタの種別は、シグネチャ単体であった。

表6 ホワイトリスト研究②

論文	文献 7)
制御対象	ユーザーがブラウザへ入力する URL
フィルタ	シグネチャベース

文献 7) は、ホストベースにおけるアクセス制御の主体と対象は、ユーザーを主体とし、制御対象は URL と考えられる。フィルタはシグネチャベースであるため、あらかじめ主に主体に対してホワイトリストの登録を必要とする。ホストベースは、すでに多数製品化されており、最近の研究活動はほとんど見られなかった。

3 まとめ

本節では、制御システムの対策技術の 1 つであるホワイトリストに関する防御技術について、技術として整理した。この防御技術は 3 つのフィルタ技術で不適切な指示を防御することができる。実運用上分けられたフィルタとして、通信を対象とするネットワークベースと機器内のファイルやプロセスを対象とするホストベースをアクセス制御の定義で検討する。このフィルタには、良い振る舞いをするものをリスト化して、リストに含まれないものを防御するホワイトリスト方式と悪い振る舞いをするものをリスト化して、リストに含まれるものを防御するブラックリスト方式がある。このホワイトリスト方式は制御システムへ適用しやすい。

動向を把握するため、8 つのホワイトリスト製品 6 つのホワイトリスト研究について技術として分類した。ネットワークベースの 5 つの製品については、4 つの製品のタイプの違いにより保護範囲の違いと、2 つのフィルタの種別を用いてシグネチャ単体か、主機能をシグネチャベースにして、主機能を補助する学習ベースのアノマリベースを用いていることが分かる。ホストベースの 3 つの製品については、製品のタイプは同一であり、フィルタはシグネチャ単体である。ネットワークベースの 5 つの研究については、制御対象としてHMI と PLC の間の通信を中心に検討され、ステートフルベースに特徴を持たせて、詳細な制御ならびに検知を中心に検討が進められている。ホストベースの 1 つの研究については、製品化も進んでいるためか活発な研究活動は見られなかった。

なお、本解説で引用した参考文献 1) の研究は、総合科学技術・イノベー

ション会議の戦略的イノベーション創造プログラム（SIP）「重要インフラ等におけるサイバーセキュリティの確保」（管理法人：NEDO）によって実施されました。

＜市川幸宏＞

【参考文献】

1) 市川幸宏、細川嵩、澤田賢治：複数の機器の連携とプラントのライフサイクルを考慮した防御技術音検討（2016）

2) I.Fovino, A.Carcano, T. Murel, A.Trombetta and M.Masera : Modbus/DNP3 State-based Instrusion Detection System, 729（2010）

3) N.Goldenberg and A.Wool : Accurate Modeling of Modbus/TCP for Intrusion Detection in SCADA Systems, 6(2),63（2013）

4) M.Mantere, I.Uusitalo, M.Sailio and S.Noponen : Challenges of Machine Learning Based Monitoring for Industrial Control System Networks（2012）

5) M.Mantere, M.Sailio and S.Noponen : Network Traffic Features for Anomaly Detection in Specific Industrial Control System Network, 5, 460（2013）

6) E.Rome : Critical Information Infrastructures Security, Springer, 85-97（2009）

7) Y.Wang, R.Agrawal and B.Choi : Light Weight Anti-Phishing with User Whitelisting in a Web Browser（2008）

8) T.Sasaki, A.Mochizuki, K.Sawada, S.Shin and S.Hosokawa : Model Based Incident Detection via Field Network Information（2017）

9) A.Mochizuki, K.Sawada, S.Shin and S.Hosokawa : Model-based security incident analysis for control systems via Petri net（2017）

3. 早期警戒技術

1　早期警戒技術の重要性

　サイバーセキュリティの対策において最も重要なポイントの1つは、どれだけ早く現時点での問題の原因がサイバー攻撃であるかということを認識することである。制御システムセキュリティセンターでは、実際のサイバー攻撃を模擬したシナリオによりデモや教育訓練を行っているが、デモシナリオの多くが定常状態からの逸脱（異常の発生）の後にすぐにサイバー攻撃に対する対処を始めるような構成になっている。

　現実のプラントにおいて異常が発生した場合、現場の運転員・保修員がすぐにサイバー攻撃の可能性を思い浮かべるという可能性はほとんどない。プロセスプラントや電力ネットワーク等に対してサイバー攻撃が行われた場合、最初に徴候として現れる事象は、ほとんどの場合、従来のトラブル（ハードウェアの故障、ソフトウェアの問題）と区別が付かない場合が多い。実際にサイバー攻撃を受けた事例の多くは、最初の段階では原因不明の異常として取り扱われ、後日詳細なログ解析などを行って初めてサイバー攻撃と認識されている。実際に、制御システムを使っている現場において現場担当者にヒアリングを実施した結果、現場で異常事象に遭遇した場合、すぐにサイバー攻撃の可能性を思い浮かべることはないという意見が大勢を占めている。

　従来の経験の範囲においてこれは当然のことであり、サイバー攻撃に対する現在のリスクの認識の低さがその大きな原因の1つである。今後サイバー

攻撃に対するリスクがますます増大することが懸念されており、攻撃を防護する手段の高度化とともに、その攻撃をより早期に認識することを支援するシステムが必要とされている。

本節では、制御システムセキュリティの重要性と上記のような問題意識の下で筆者が CSSC で開発を行っているサイバー攻撃早期認識システムについて紹介する。

2　制御システムセキュリティの重要性

本節では制御システムのセキュリティの重要性について述べる。「サイバーセキュリティ」という言葉は広くネットワーク上の情報すべてに関するセキュリティを意味しているが、「制御システムセキュリティ」はその一部であり、主にネットワークを介して制御を行っているプラントやインフラシステムへのサイバー攻撃を主に扱う。潜在的な社会への脅威という観点からは、情報漏えいなどが主に問題となる情報セキュリティと比較してもより深刻な側面を持っている。

現在、工場やさまざまな工業施設における制御システムは、いわゆるインターネットプロトコルを用いて相互に接続され管理されている。1980 年代においても制御系が独自のバスにより接続され統合的に運用されるという形態は存在したが、現在では一般的なインターネットプロトコル（TCP/IP）を用いて相互接続され運用されている形態が大勢を占めている。一般的なプロトコルを利用することにより、相互接続が容易になり、システム開発も加速された面があることは否めない。しかしながら、制御システムの OS が標準化

されることにより、一旦 OS の脆弱性が発見されると、その影響はこれまで以上に広く及ぶことになる。近年利便性を重視しネットワークがプラント内に張り巡らされるようになってはいるが、制御用システムがつながるネットワークは外部ネットワークからは隔離されていることになっている。このような隔離によるセキュリティ対策は常識的なものであるが、内部のネットワークを外部から隔離するファイアーウォールも必ずしも完全ではなく、さらには内部犯行者による USB などからのマルウェアの感染を防ぐことは物理セキュリティという面からも簡単ではない。

制御システムをインターネットで接続する利点を最大限に利用する「リモートメンテナンス」という運用形態もサイバーセキュリティに関連するリスクを抱えている。ネットワークを通じたリモートメンテナンスは、設備管理の合理化と効率を目的に一部で導入が進められている方法であり、システムを提供するベンダーが世界各地に納入したシステムの状況を、ネットワークを通じて統合化したセンターにおいてリアルタイムで集中管理するという考え方である。原理的にはセンター側からシステムの制御パラメータをリモートで変更することも可能であり、これまで作業員を派遣して行っていたメンテナンスと監視がネットワークを通じて行えるという点で大きなメリットがあり、特に世界中に顧客持つグローバル企業はビジネス上のソリューションということで積極的に導入を進めている。このようなリモートメンテナンスは機器の運用の効率化のためには極めて有効な手法であるが、ネットワークを経由しているという点でセキュリティ上の懸念が生じることは否めない。リモートメンテナンス回線に係る脅威は、通信経路で盗聴される可能性があること、不正な端末をリモート監視端末として接続される可能性があることである。こうした脅威へ

の対策としては、リモート監視システムを専用線により構築し暗号化通信を行うこと、リモート監視端末にはクライアント証明書をダウンロードし認められた端末以外はリモート監視端末として利用できないことにする、リモート監視端末におけるセキュリティ検査を実施する等がある。

　サイバー攻撃は明確な悪意をもった人間により意図的に行われるものであり、ヒューマンエラーなどの意図しない人間のエラーとは明確に区別される。サイバーセキュリティの問題に関しては、攻撃に対する防護策を向上させるとさらに攻撃がエスカレートするという難しい側面を持っており、犯罪心理学等からのアプローチも必要である。加えて、サイバーセキュリティに関してはヒューマンインタフェースの観点も重要な関係を持っている。一般的な制御システムにおいて Human Machine Interface（HMI）は 1 つの重要なコンポーネントであり、オペレータは HMI を通じてプラント情報を獲得し運転操作を行う。この HMI も当然のことながらネットワークを経由して DCS（Digital Control System）やサーバーに接続されているが、この HMI と制御システム間の通信に対して攻撃を行い、正しい情報のやりとりを妨害するサイバー攻撃の形態がある（Man in the middle）。

　例えば、実際のプラントでは反応容器の圧力が上がっているにもかかわらず、HMI 上ではその変化を表示させないようにするといった「情報詐称」という攻撃形態である。このような攻撃は HMI の基本である情報を正しく伝えるという機能を阻害するものであり、運転員に気づかせないようにしてシステムに対してダメージを与えることを可能にする。このような攻撃に対しては、プラント全体の情報の整合性を確認するロジックとそれを的確に運転員に伝える可視化の方法が対抗策として考えられる。

IoT 時代のサイバーセキュリティ　　**141**

以上述べたように、インターネット利用による利便性が向上すればするほど、サイバー攻撃のリスクも増大する。現実にも数多くの攻撃の事例が報告されているが、情報共有のための仕組みが十分に整備されておらず、現在日本におけるサイバー攻撃に関するリスク認知は極めて低いと言わざるを得ない。今後、電気やガスなどの主要なエネルギー供給システムがインターネットで相互接続された場合、サイバー攻撃によって引き起こされうる社会への影響は極めて大きい。テロリストによるスマートメーターへのハッキングに端を発する欧州での大規模停電の可能性を描いた小説『ブラックアウト』」は、サイバー攻撃が引き起こしうる悪夢のような惨状をリアルに描いている[1]。

3　サイバー攻撃早期認識システム（CAeRS)

　本項では、サイバー攻撃の早期認識を目的として開発を行っている Cyber Attack early Recognition System（CAeRS）について述べる。

3.1　CAeRS の基本コンセプト

　サイバー攻撃により引き起こされる状態は多様であり、一義的に定義することは困難である。さらにサイバー攻撃は単なる機器の故障と異なり、意図的に引き起こされているという点においても、通常のシステム異常とは異なる扱いをする必要がある。理想的には得られる情報に基づいてサイバー攻撃の形態、場所などをピンポイントで推定することができるシステムが望まれるが、残念ながらそのようなシステムの実現は極めて困難である。現状で対処できる最善の策は、できるだけ早期にサイバー攻撃であることを認識し、そ

の対策を立てることである。この観点から本研究では以下のような方針でサイバー攻撃の早期検出技術の開発を行っている。

① システム異常とサイバー攻撃の可能性を切り分けることに重点を置く。
② 制御対象機器の定常状態からの逸脱をトリガーにしてシステム異常の可能性を第一に検討し、その可能性を排除することでサイバー攻撃の可能性を指摘できるシステムを目指す。
③ オンライン情報だけでなく状況に応じて現場の機器の状況を診断に取り入れて状況を絞り込んでいくシステムを構築する。

図1に本研究で開発を行っているサイバー攻撃早期認識システムの基本的な概念を示す。

一般的な大規模・複雑システムにおける異常診断を考えた場合、原因箇所をプロセス監視上で得られる情報のみからすぐに診断することは困難であ

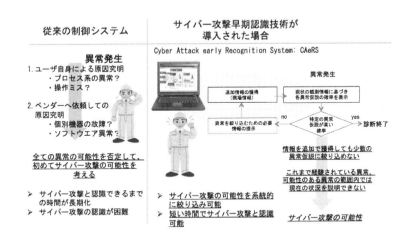

図1 サイバー攻撃早期認識システムの基本概念

る場合が多い。経験を積んだオペレータは、異常の原因同定を行う場合、その時点において利用可能な情報（プロセス変化の特徴や故障しやすい機器などの事前知識）を基に異常原因に対する仮説を立て、追加の情報を現場での確認などを通じて得ることにより、その仮説の正しさを検証するという過程を経ることが多い。獲得されている情報の範囲内で原因の特定ができなかった場合には、新たに必要な情報を収集し新たな仮説を立て、再度検証を行うという診断過程が必要となる。このような仮説検証型の異常診断過程は、実際の現場で運転員が行っている診断過程と整合性が高い。一般的な異常診断システムでは最終的な診断結果だけを提示する場合が多いが、経験を積んだ運転員はこのようなブラックボックス的なシステムを好まない場合が多い。その理由は、自分が経験を元に行っている仮説検証型の診断過程との整合性が低いからである。CAeRS ではこのような問題点に対処するために、仮説検証型の診断を行っている運転員に対して適時的に有効な情報を提供することに主眼を置いている。

　CAeRS においては、サイバー攻撃をプラント異常の 1 つの原因であると捉え、他の機器異常やミスオペレーションなどの異常と同様に診断の対象として考えている。例えば、プラントにおいてプロセス量としての圧力が異常に上昇している場合を考える。このような場合、運転員は最初にサイバー攻撃を考える可能性は低く、圧力調整弁の異常などの機器故障の仮説を最初に考慮する可能性が高い。最初に運転員は特定の機器故障を故障仮説として念頭に置き、それを現状で得られている症候が支持しているか、この故障仮説が正しい場合に矛盾する症候が生じていないかという観点で情報を検証する。この仮説が支持される場合にはそれで診断は終了となるが、他にも可

能性のある仮説が残る場合には、情報を追加することでさらに仮説を絞り込んでいくという過程を続けることになる。ここで特定の異常仮説の可能性が否定された場合には、他の新たな仮説（例えばセンサー故障など）を立て、それを検証するという段階を繰り返して最終的な異常診断結果を得ることになる。

　ここまでは一般的な故障診断の過程であるが、このような診断プロセスを通じて機器故障やミスオペレーションの可能性が否定された場合、次の段階としてサイバー攻撃の可能性を考慮することになる。CAeRSではプロセス異常から即座にサイバー攻撃を突き止めるのではなく、運転員の仮説検証に基づく原因究明行動を支援し、効率的にサイバー攻撃の認識を支援することが重要であるという考えに基づいている。この概念を図2に示す。

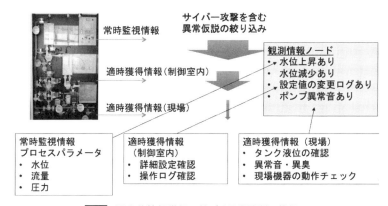

図2 逐次的情報獲得に基づく異常診断の枠組み

　次にサイバー攻撃早期認識支援システムのプロトタイプとしての機能的要件を示す。

● 観測情報の不完全性への対応

　実際のプラントにおいては、センサーの機能異常が生起しデータの欠落が生じる場合や事象の進展とともに新たな情報が獲得される場合があり、すべての必要な情報が常に獲得できるとは限らない。状況認識を行う上で必要な情報がすべて得られない段階においても、その段階で最善の結果を示すことができるということが望ましい。現場の IoT 化が進現在のプラントにおいては、すべてのセンサー情報を常に参照するということは原理的には可能である。しかしながら、異常の同定に必要な箇所すべてにセンサーを設置して常時監視するという考え方は、コストの面からも受け入れられない場合が多い。診断の過程において必要に応じて動的に情報を獲得する（ロボットによる計測や遠隔センシング技術の導入も考えられる）枠組みの方が現実的である考える[2]。

● 運転員の能動的情報獲得行動への対応機能

　異常が軽微な段階では、運転員は能動的な情報獲得行動を行い、異常を確認する。例えば、多重化されているセンサーに関しては他チャンネルの測定値との比較や物理的に関連するパラメータの参照を行う。さらに必要であれば現場に赴き、自分の目で機器の状態やパラメータの値を確認する場合もある。これらの能動的情報獲得行動は状況認識においては重要な役割を果たすため、開発するシステムはこのようにしてオフラインで獲得された情報に関しても結果に反映させることができなければならない。

3.2　ベイジアンネットワーク

　以上の機能要件を満たす診断の枠組として本研究ではベイジアンネット

ワーク（Bayesian Network；BN）を用いている。仮説検証型診断システムに求められる機能として、①診断に使用されるすべての情報が揃わなくとも診断結果を出力できること、②新たに獲得された情報を逐次的に入力可能なこと、が要求される。BN はこれらの要求を満足する確率的推論モデルである。BN は非循環のグラフィカルモデルであり、複数のノードとそれらを結びつける有効線分から構成される。ノードは対応する事象の生起確率に対応し、具体的には異常原因やプロセス異常などの生起確率に対応する。有効線分は始端から終端への依存関係を表し、始端に接するノードを親ノード、終端に接するノードを子ノードと呼ぶ。依存関係は条件付き確率表（CPT）で表される。BN では情報（事象の生起確率）が入力されるとベイズの定理に従って確率が更新され伝播される。

BN による診断のイメージを**図 3** に示す。

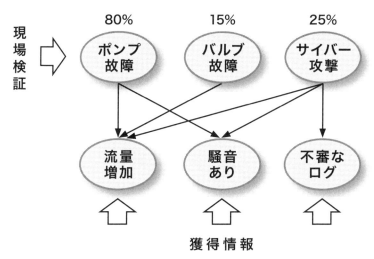

図3 ベイジアンネットワークに基づく診断の概念

図3では、流量増加、異音の有無、不審なログなどの観測情報が入力されることで、それらにつながるポンプ故障、バルブ故障、サイバー攻撃などの異常原因仮説を表す親ノードの生起確率が更新される。例えば、現場検証の結果としてポンプ故障が真の原因ではないことが明らかになったときには、その結果を情報として入力すると、直接つながった子ノードに確率が伝搬され、さらに子ノードにつながる別のノードへと確率が伝搬され、それぞれの確率値が更新される。CAeRS では、プロセスパラメータの変動を正常値からの偏差として表現し、異常である可能性示す尤度として BN に入力している。

3.3 BN に基づく仮説検証型診断

BN を用いた仮説検証型診断のフローを**図 4** に示す。対象システムに設置されたセンサーから獲得される情報をもとに流量増加、水位増加といったプロセス異常情報が BN に入力されると、診断システムは第一段階として、入力された情報をもとに各異常原因仮説の生起確率をユーザーに提示する。これを受けてユーザーは最初に判断すべき異常仮説を選択し、その仮説を異常原因の第一候補としてその仮説の生起に関連する情報を確認し、その仮説が真の原因であることを再確認する。一方で、どの仮説の生起確率も高くない、または生起確率の高い異常が多数あり十分に仮説の絞り込みが行われていないと判断した場合には、新たに追加の情報獲得を行い、その情報を BN に入力し異常仮説の確率の変化の状態を検討する。この段階で特定の仮説の確率が高く生起の可能性が高いと判断されれば、その時点で診断は終了し、このような傾向が観察されない場合は再度追加の情報獲得

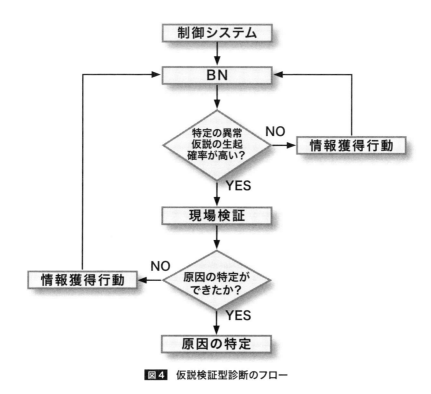

図4 仮説検証型診断のフロー

行動を行う。真の原因が判明するまで以上のような異常仮説の検証と情報獲得行動を繰り返す過程を支援するのが本システムの概要である。

3.4 適用対象

本研究では制御システムセキュリティセンター多賀城本部に設置されている化学プラントテストベッドを対象にして、提案手法の有効性を検証した。システムの全体写真を図5に示す。

図5 対象とした模擬プラントシステム

　2つの配管からそれぞれ2つのタンクに給水がなされ、タンク1からの排水はタンク2に供給される。タンク1への流入量およびタンク2の水位はそれぞれの給水ラインの流量制御弁によって制御されている。このシステムを用いて機器故障・サイバー攻撃を模擬した。具体的には、各配管に付属する手動バルブを閉じることによって「配管のつまり」を、ネットワークに外部端末を接続し不正な操作を行うことで「中間者攻撃」を模擬した。

　本研究において模擬した物理的故障およびサイバー攻撃の例を**表1**に示す。

表1 本研究において模擬した故障およびサイバー攻撃の例

模擬異常	模擬方法	概要
タンク1-タンク2配管詰まり	手動弁を完全に閉	タンク1からの排水が遮断
タンク1-貯水タンク 配管詰まり	HMI上で電磁弁の開度を 0に設定	タンク2からの排水が遮断
タンク2水漏れ	タンク下部のチューブより 水を排水	タンク2から漏水
流量制御弁1閉固着	駆動のための空気圧を 供給しない	流量制御弁1が閉
流量制御弁2閉固着	駆動のための空気圧を 供給しない	流量制御弁2が閉
ポンプ1停止	HMI上で出力を0に設定	ライン1からの送水が なくなる
ポンプ1出力増加	HMI上で出力を105に設定	一時的にライン1への 送水が増加
ポンプ2停止	HMI上で出力を0に設定	ライン2からの送水が なくなる
ポンプ2出力増加	HMI上で出力を90に設定	一時的にライン2への 送水が増加
メンテナンス用バイパス管開	バイパス管を開	ライン1の送水が制御不能
ライン2PI制御不安定 （中間者攻撃）	不正端末からゲイン値を変更 （0.3から30）	水位制御が不安定化
ポンプ2出力値低下 （中間者攻撃）	不正端末からポンプ2 出力値を低く変更	ライン2への給水が停止

3.5 推論モデルの構築

CAeRS の診断のベースとなる BN の構築に関してその詳細を述べる。ベイジアンネットワークは、以下の手順で構築される。

（1）確率変数（ノード）の決定

ベイジアンネットワークで表現する対象を明確にし、確率変数（ノード）を決定する。システム診断においては、少なくともシステムの状態を表すノー

ドと観測情報を表すノードが必要となる。また、確率変数がどのような状態をとりうるのか決める。

例）確率変数：病気（状態：true、false）、症状（状態：true、false）

（2）確率変数間の依存関係に関する一般知識の記述

確率変数間の定性的な関係（ベイジアンネットワーク上の有向リンク）を明らかにする必要がある。その知識は、知識工学者（あるいは専門家）の主観的経験、データベース中の過去の事象、または両者の何らかの組み合わせから得られる。

例）インフルエンザ→発熱

（3）確率値の決定

確率値に関しては、事前確率と条件付確率の両方を決定する必要がある。ここでは親ノードが子ノードへ及ぼす影響を定量化した条件付確率表（Conditional Probability Table）を作成する。条件付確率表は、親ノードの状態に対するすべての組み合わせの条件付確率を表す。親ノードを持たないノードは、そのノード状態の事前確率のみを決定する。

（4）ネットワークの基本構成

機械システムの診断を目的とした場合、確率変数（ノード）はシステム状態を表すノードと、観測情報を表すノードで構成される。さらに、システム状態を表すノードは、現在の運転モードを示す運転状態ノードと機器が健全に機能を果たしているかを示す機器故障ノードに分類できる。現実的な機械システムを対象としたネットワーク構築を考えた場合、各ノード定義の明確化が重要となる。機器故障ノードに関して言えば、対象とする機器を決定し、その範囲（機器バウンダリ）を明確にする必要がある。例えば、「ポンプ」

という機器を考えた場合、ポンプ入口のバルブを含めるか否かといった機器の構成範囲の問題や、ポンプのネジや軸の故障まで考慮するかという問題があり、これは機器を記述する上での詳細度の問題である。したがって、機器故障ノードを明確に定めるためには、機器の構成範囲（機器バウンダリ）を定め、詳細化の限度を予め決めておく必要がある。詳細化の限度の設定は、運転員の必要とする診断情報の限度と、事前確率が調査できる限界に合わせて設定する必要がある。また、観測情報ノードに関しても、機器や運転の状態を把握するために必要な観測可能な情報をリストアップする必要がある。

　確率変数が決定したら、確率変数の取りうる状態を決定する。システム状態を表すノード（運転状態ノード、機器故障ノード）は、その状態が生起しているか否かの2値を状態として定義する。「ポンプ故障」ノードの状態は、"ポンプが故障している"か"故障していない（正常作動している）"かである。観測情報ノードの状態は、その情報が得られているかいないかの2値であり、具体的には、"パラメータ異常"が生起しているか否かが情報となる。

　ここでの現実的な問題は、状態の定義の明確化である。機器故障の状態を考えた場合、故障とは"システム、設備、部品が規定された機能を失うこと"であるから、各機器の規定された機能を明らかにしなければならない。観測情報の状態に関しては、パラメータ（計測値や感覚的な情報）のどの特徴量（平均値、分散、周波数ピークなど）が、どのような状態を示したらパラメータ異常であるかを決める必要がある。このようなパラメータの特徴づけは、経験的もしくは統計的に決める方法が一般的である。異常状態のパラメータ変化を定義するのは困難な場合が多いため、CAeRSでは正常時のパラメータ特徴から逸脱した状態を異常状態と定義する。

（5）確率変数間の依存関係と確率値の決定

確率変数間（機器故障と観測情報）の依存関係と、事前確率・条件付確率の値は、一般的にはエキスパートの意見か、過去に蓄積されたデータベースを用いるが、実際のプラントにおいては以下のような問題がある。

● エキスパート知識利用の困難さ

エキスパートがすべての依存関係知識・確率値知識を有しているとは限らない（完全性の問題）。また、エキスパートが完全な知識を有しているとしても、それをすべて抽出することは困難であるということが指摘されている（知識獲得のボトルネック）。

● 過去の経験知識（データベース）利用の困難さ

プラントが実際に経験した事例は、診断を行う上で非常に有効な知識となる。しかし、近年は機器の信頼性が向上し異常事例の発生数自体が減少しており、過去の知識のみでは全ての依存関係や確率値を網羅することはできない。特に、重大事故につながるような経験事例はほとんどないため、重要な事例知識ほど抽出が困難であるという問題がある。

● 文献知識利用の困難

ここでの文献とは、機器故障時にどのような兆候が観測されるかを記述したものをさす。例えば、運転員訓練で使用される「手順書」の「警報発生推定要因欄」や、機器の仕様書などに記載されている「故障と対策欄」などがこれにあたる。このような知識は、過去の経験やシミュレーション結果などから得ており、形式化された知識として十分活用することが可能であると考えられる。しかし、すべての知識が文章化されているとは限らないという問題がある。

本研究においては、表 1 に示した実際にテストベッドで再現できる異常に関しては、再現した事象のデータから確率変数間の依存関係の有無を検証した。ただし、確率値に関しては繰り返しの事象の発生を模擬することは困難なので、影響の大きさを確率値として便宜的に対応づけることとした。今回解析の対象にしているテストベッドは、運転期間が短いために過去の異常事象発生の履歴を有していないために、このような方法で依存関係の定義をしたが、運転経験の長い実際のプラントにおいては、過去の設備異常発生時の経験やデータをもとにこれらの依存関係を抽出することが可能であると考えられる。

　一方、サイバー攻撃とプロセスの異常に関する依存関係を同様に決定することは困難である。日常的に発生する設備異常と比べてサイバー攻撃事案が発生することは稀であること、攻撃者はバルブや計測器など様々な機器や制御を攻撃対象としてさまざまなプロセス異常を引き起こすことができるため、事前にサイバー攻撃によってどのようなプロセス異常が発生するかを想定することがほぼ不可能であるということがその理由である。本研究では、サイバー攻撃が発生した場合の状況を以下のように類型化して考えることとした。

　① プロセス異常が発生

　② 機器故障やミスオペレーションなどでは現状が説明できない

　③ ネットワーク管理者によって不審なログなどが発見

　上記の条件に合致する状況が発生した場合にサイバー攻撃の可能性が高いという仮説の確立が上昇するように BN を構築することで、総体的にサイバー攻撃の可能性を指摘することを可能とした。

3.6 ユーザーインタフェース

提案する仮説型検証診断システムの大きな特徴として、与えられた情報から仮説の生起確率を算出する推論システムと推論結果を受けて現場検証・情報獲得および入力を行う人間とが協調的に診断を進める点が挙げられる。このため、本システムにおけるユーザーインタフェースの重要性は大きい。本研究ではユーザーインタフェースの開発にあたり最初に以下に示す仕様を設定した。

1. プラント構成ダイアグラムを中心にした表示であること

2. 各機器の動作状況を一目で確認できること

3. 異常仮説に対する確率の変化を時系列的に確認できること

4. 異常確率値の高い異常仮説をリストアップして確率値とともに表示すること

5. オンライン情報2とオフライン情報の入力が簡単に行えること

6. サイバー攻撃の発生が容易に把握できること

これらの仕様に基づき開発したユーザーインタフェース画面例を**図6**に示す。画面左はプロセス監視画面、画面右上はその時点における各仮説の生起確率、画面右下は高い確率を持つ仮説の確率の時間推移を示している。プロセス監視画面には通常監視で必要なプロセス情報が表示されており、異常の生起確率が90%以上なった仮説については、インタフェース上の対象の機器周辺に警告のポップアップ表示がされるように設計されている。ユーザーは現場のプロセス情報と推論結果から次に行うべき現場検証および情報獲得行動を適時的に判断し、必要に応じて情報入力ボタン（画面左上）から追加情報を入力する仕様となっている。追加情報の入力画面では、計測目盛の読み取り情報では実際の数値を、騒音の有無など現場情報におい

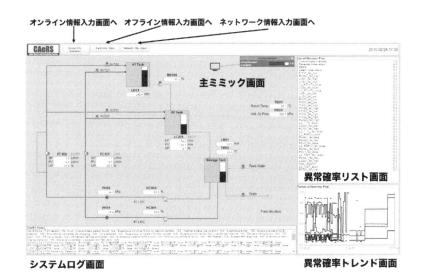

図6 開発したユーザーインタフェース画面例

て主観的な判断が伴う場合には、5段階評価で入力するように設計されている。このような情報の追加入力を逐次的に行うことにより各異常仮説の確率値がリアルタイムで更新される。

　以上述べた内容に基づき開発したCAeRSは、対象とするテストベッドにおいて、物理故障の診断とサイバー攻撃の切り分けを適切に行えることを確認している。対応可能な異常に関しては事前に想定した異常仮説の内容に限られるが、常時監視情報では類似の徴候を示す物理的な故障とサイバー攻撃に関して、情報を逐次的に獲得し仮説を更新していくことで、どちらの原因によるものなのかを正しく判断できる情報を運転員に提供できることを示した。

4　今後の研究開発の方向性

　現段階では CAeRS の有効性は小規模なテストベッドでの検証にとどまっており、今後よりスケールの大きいシステムでの有効性の検証が必要である。その場合、診断の核となる BN の構築が開発のボトルネックとなることが懸念される。しかしながら、階層的 BN を導入することである程度のスケーラビリティは確保できる見通しを得ており、今後は現実的なレベルのシステムを対象にした開発を続ける予定である。

　CAeRS の基本的な枠組みとなっている適時的情報獲得に基づく仮説診断は、経験豊富な運転員との整合性の高い診断手法として一般性を有しており、今後ますます大規模化し複雑化するシステムに関する状況把握の方法としてその適用可能性が期待される。

<高橋　信>

【参考文献】

1) マルク・エルスベルグ著、猪股和夫訳：ブラックアウト（上 / 下）、角川文庫（2012）

2) M.Takahashi et. al : GOAL-ORIENTED FLEXIBLE SENSING FOR HIGHER DIAGNOSTIC PERFORMANCE OF NUCLEAR PLANT INSTRUMENTATION,　Progress in Nuclear Energy, 43 ,105-111 (2003)

第5章

関連機関の取り組みの紹介

1. 独立行政法人情報処理推進機構による取り組み

1 制御システムセキュリティの取り組み

1.1 独立行政法人情報処理推進機構について

　独立行政法人情報処理推進機構（以下 IPA）は、経済産業省所管の政策実施機関として、2004 年に発足し、IT 施策の一翼を担う活動を推進してきた。

　近年、あらゆるものがインターネットにつながる IoT の進展に加え、ビッグデータの急速な普及や人工知能の台頭により、私たちの社会は大きく変わろうとしている。また、そうした中で日本は、技術革新によってさまざまな社会課題を解決し、人々に豊かさをもたらす「Society5.0」を未来像に掲げ、その実現に向けて新たに舵を切り始めた。

　IPA は、その航路に光を灯し、未来の実現を加速させる力強い追い風を生み出すべく、絶えず変容する IT 社会の潮流や技術動向を大きな視野で捉え、社会課題の解決や産業の発展につながる指針を示していくとともに、情報セキュリティ対策の強化や優れた IT 人材を育成するための活動に取り組み、安全で利便性の高い「頼れる IT 社会」の実現への貢献に取り組んでいる。

1.2 IPA における制御システムセキュリティの取り組み

IPA では、近年工場や発電所といったプラントやインフラの制御に用いられる制御システムがサイバー攻撃の対象として狙われて始め、設備そのものやサービスの提供、安全を維持するためのシステムが攻撃されることが懸念されていることを受けて、制御システムのセキュリティ強化のためにさまざまな取り組みを行っている。セキュリティ普及啓発活動（ガイドの発行、調査研究の実施など）、脆弱性情報の提供、人材育成などといった具体的な取り組みを行っている。ここでは、その取り組みについて紹介する。

1.2.1 セキュリティ普及啓発

IPA は制御システムセキュリティの普及啓発活動を行うため、さまざまなガイドの作成および調査研究を実施している。その取り組みは Stuxnet が発見され、制御システムに対するセキュリティに注目が集まる前の 2008 年にはすでに始まっており、2009 年 3 月には「重要インフラの制御システムセキュリティと IT サービス継続に関する調査」[1] を公表している。その後も IPA では調査研究を進め、2015 年 3 月には「制御システム利用者のための脆弱性対応ガイド」（第 1 版）[2] を発表した。

このガイドでは、制御システムのセキュリティ問題を経済的な損害だけでなく、社会インフラの混乱につながりうるものであり、事業継続計画（BCP）において想定する主要なリスクの 1 つであるとして、経営責任が問われる課題と捉える必要があるとした。そして、脅威が高まっている制御システム分野のソフトウェア製品の脆弱性情報を制御システムの利用者（中堅企業の利用

者を含む）が受け取った場合を想定し、脆弱性対策を含むセキュリティ対策についてどのように対応すべきかを解説している。具体的には制御システムを利用されている企業の経営層が、事業継続計画を策定する際に考慮すべき点、また調達担当・運用担当の管理者が具体的な対策として制御システムの安全な運用に求められる事項や運用時に注意すべき点についてまとめている。

　本ガイドはユーザ企業に対して制御システムセキュリティに関する啓発を行うために2015年に発行されたが、当時の社会状況としては、制御システムを有するユーザ企業の多くが制御システムの脆弱性に関するリスクを十分に把握しておらず、ユーザ企業自らが積極的にIPAの啓発資料へアクセスする可能性が低いと考えられた。また、制御システムでは、セキュリティの脅威に関する意識が乏しいケースや脆弱性の存在を把握しても迅速に対応することが困難なケースもあるため、脆弱性の公表を行うことが必ずしも有効に機能しない可能性があった。

　そこで、どのような形であれば、制御システムを有する企業に有益な情報提供を実現できるかを探るため、制御システム利用の実情とセキュリティ意識について調査を行った。その調査結果を2016年3月に「制御システムユーザ企業の実態調査報告書」[3]として公表した。本調査では、制御システムを有する企業を対象としてアンケート調査とヒアリング調査を実施した。その結果としていくつか注目すべき実態が把握できた。

【「制御システムユーザ企業の実態調査報告書」の主な内容】

（1）調査概要

アンケート調査対象企業は PA（Process Automation）および FA（Factory Automation）ユーザー企業のうち、上場企業（東証 1 部・2 部、マザーズ、大証 1 部・2 部、JASDAC、ヘラクレス、地方市場）から抽出した（調査当時）（**表1**）。有効回答 100 件。

表1 アンケート調査の概要

調査対象	PA（食品, 化学, 医薬品, 石油・石炭製品, ゴム製品, ガラス・土石製品, 鉄鋼, 非鉄金属, 金属製品, 電気・ガス）および FA（機械, 電気機器, 輸送用機器, 精密機器）ユーザ企業のうち上場企業（東証1部・2部, マザーズ, 大証1部・2部, JASDAC, ヘラクレス, 地方市場）
回答者層	・経営企画，リスク管理部門等のリスク管理ご担当の方 ・現場部門の制御システムの導入および調達ご担当の方 ・制御システムの運用に携わる管理者の方 ・情報通信システム部門のセキュリティご担当の方
調査方法	郵送方式（1140 件発送）
回収件数	有効回答 100 件
主な設問	・制御システムセキュリティに対する意識 ・制御システムセキュリティの被害経験 ・制御システムセキュリティの取組状況　など

（2）制御システムセキュリティリスクに対する認識

制御システムセキュリティリスクを「認識して対策済み」と回答した企業は 23.0％、「認識して対応中」と回答した企業は 39.0％で、対策を開始している企業は約 6 割となっている。また、セキュリティリスクを「認識していない」

IoT 時代のサイバーセキュリティ　163

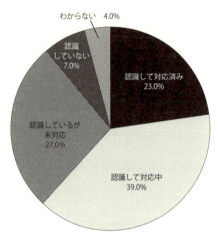

図1 制御システムセキュリティリスクに対する認識

と回答した企業は 7.0％で、多くの企業で制御システムのセキュリティリスクは認識されている（**図1**）。

（3）制御システムセキュリティ上の事件・事故・ヒヤリハット発生状況

過去 5 年間で制御システムセキュリティ上の「事件・事故の経験あり」と回答した企業は 4.0％、「事件・事故はないがヒヤリハットの経験あり」との回答は 12.0％となっている（**図2**）。

（4）制御システムセキュリティ対策に必要な予算・人員確保状況

必要な人員を「十分に確保できている」「おおむね確保できている」と回答した企業は 25.0％で、必要な人員・予算を確保できている企業はまだ多くない。「特に確保していない」と回答した企業は 41.0％となっており、制御システムセキュリティのための予算・人員を確保していない企業の割合が高い（**図3**）。

この調査によって把握した制御システムを有する企業の実態を踏まえて、

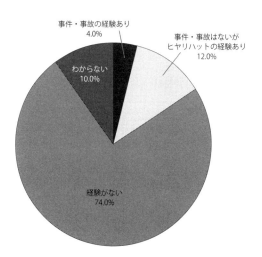

図2 過去5年間の制御システムセキュリティ上の事件・事故・ヒヤリハット発生状況

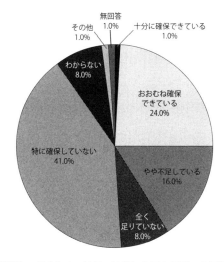

図3 制御システムセキュリティ対策に必要な予算・人員確保状況

2016年3月に「制御システム利用者のための脆弱性対応ガイド」の第2版[4]を発表し、さらに、深刻化する制御システムへの脅威を背景に、2017年3月に第3版へ改訂[5]を行った。第3版では、制御システムに対するセキュリティ問題を「重大な経営課題となる制御システムのセキュリティリスク」であるとし、制御システムを運用する企業が実施すべきポイントをまとめている。特に経営層が実施すべき制御システムセキュリティのポイントをまとめており、経営層には制御システムセキュリティに取り組む環境を整えることが望まれるとしている。

【「制御システム利用者のための脆弱性対応ガイド」における経営層が実施すべきポイント】

［ポイント1］対策マネジメント組織を構築する

現場の管理者は分かっていても、マネジメントする組織がなければ、同じことが起きる。

● 現状を把握し、セキュリティ対策を浸透させていくための取り組みを推進する担当組織（または担当者）を設置すること

・セキュリティポリシーの策定、対策の計画と実行

・実行状況の監査と改善サイクル

・要員への教育

［ポイント2］サプライチェーン全体で考える

子会社や取引先も含めて検討する必要がある。

● 制御システムのセキュリティを事業継続計画（BCP）で想定する主要なリスクとして捉え、自社だけでなく、子会社や取引先を含むサプライ

チェーン全体のセキュリティを検討することが重要

［ポイント 3］現状の対策情報を確認するよう指示を出す

自分の状態を把握することが重要である。

● 制御システムの導入および担当者向け

・調達時の要求仕様にセキュリティ要件を含める

・運用・保守契約において、セキュリティに関する項目を含める

● 制御システムの運用・管理に携わる管理者向け

・被害の原因となっている USB や入れ替え端末に対しての対策

・セキュリティ更新プログラム（パッチ）を適用する

・制御システムのネットワークを流れるデータ、ログデータを監視する

このように、IPA ではガイドの発行や調査研究の公表によって、制御システムセキュリティ啓発活動を積極的に行っている。

1.2.2　脆弱性情報の提供「情報セキュリティ早期警戒パートナーシップ」

IPA では、経済産業省による「ソフトウェア製品等の脆弱性関連情報に関する取扱規程」の告示（平成 29 年経済産業省告示第 19 号）[6] を踏まえ、制御システム製品を含むソフトウェア製品およびウェブアプリケーションの脆弱性に関する届出を受け付けている。IPA では脆弱性に関する届出を受け付けた場合、一般社団法人 JPCERT コーディネーションセンター（以下 JPCERT/CC）に連絡し、JPCERT/CC から当該製品の開発者に連絡を行い、脆弱性対策の実施を促している。IPA と JPCERT/CC は前述の告示を踏まえた脆弱性関連情報の適切な流通と対策の普及を図るために、公的ルールに基づく官民連携体制として整備された「情報セキュリティ早期警戒

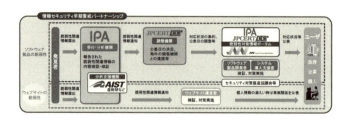

図4 情報セキュリティ早期警戒パートナーシップ[8]

パートナーシップ」[7]に基づき調整機関としての役割を果たしている（**図4**）。

　また、国内外で使用されているソフトウェアの脆弱性対策情報を収集・公開している IPA および JPCERT/CC の脆弱性対策情報のポータルサイトである「脆弱性対策情報データベース（以下 JVN iPedia）」[9]では、制御システム製品の脆弱性情報も公開している。JVN iPedia では 2007 年以降、制御性ステムに関する脆弱性対策情報も登録しており、2018 年 6 月末時点で累計 1,460 件の登録がある（**図5**）。

1.2.3　人材育成

　2017 年 4 月 1 日、IPA 内に「産業サイバーセキュリティセンター」が発足した。同センターでは、社会インフラ・産業基盤事業者において、自社のシステムのリスクを認識しつつ必要なセキュリティ対策を判断できる人材を育成するプログラム提供する。本件の詳細については、[3] 項で詳しく紹介する。

1.2.4　海外連携

　制御システムに対する攻撃やインシデント、被害に関する情報は、一般的

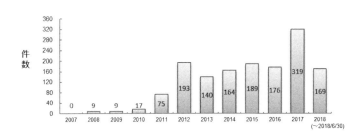

図5 JVN iPdeia から産業用制御システムのみ抽出した登録件数（2018年6月30日時点）[10]

な情報システムの場合に比べて情報があまり公開されない傾向にある。

そこで、制御システムの運用者が広く海外で公開される情報を活用できるよう、IPAでは米国における制御システムの脆弱性の受付機関で、攻撃への対策支援活動を行っている米国国土安全保障省（DHS；Department of Homeland Security）配下のICS-CERT（Industrial Control Systems Cyber Emergency Response Team）や、EUの重要インフラ/制御システムセキュリティに関する取り組みを推進している欧州ネットワーク情報セキュリティ庁（ENISA；European Union Agency for Network and Information Security）の活動報告や調査レポートなどを日本語に抄訳し、紹介している[13]。

1.2.5　その他−サイバー情報共有イニシアティブ（J-CSIP（ジェイシップ））

社会インフラおよび産業基盤を支えるシステムを持つ企業では、サイバー攻撃や脆弱性、それによる被害の拡大が産業全体、社会全体に影響を与え、大きな問題となる可能性がある。そのため、攻撃情報や脆弱性の情報を社

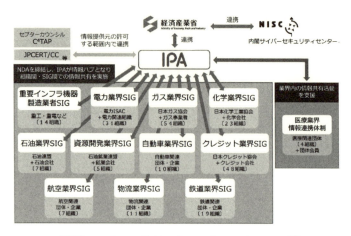

図6 J-CSIPの体制図（2018年3月末日現在）[14]

会インフラおよび産業基盤を持つ企業、団体へ素早く共有し、早期対応を行うことが重要である。

　IPAでは、2011年10月25日、経済産業省の協力のもと、重工、重電等、重要インフラで利用される機器の製造業者を中心に、情報共有と早期対応の場として、サイバー情報共有イニシアティブ（initiative for Cyber Security Information sharing Partnership of Japan、以下J-CSIP）を立ち上げた。その後、全体で11つのSIG（Special Interest Group、類似の産業分野同士が集まったグループ）、229の参加組織による情報共有体制および医療業界との情報連携体制を確立し、現在、サイバー攻撃に関する情報共有について実際に運用を行っている（**図6**）。具体的には、IPAと各参加組織（あるいは参加組織を束ねる業界団体）間で締結した秘密保持契約のもと、参加組織およびそのグループ企業において検知されたサ

イバー攻撃等の情報を IPA に集約。情報提供元に関する情報や機微情報の匿名化を行い、IPA による分析情報を付加した上で、情報提供元の承認を得て共有可能な情報とし、参加組織間での情報共有を行っている。つまり、IPA が情報ハブ（集約点）の役割を担い、情報共有を行う。

2015 年 5 月にプレスリリース[15]を行った「サイバー情報共有イニシアティブ（J-CSIP）2014 年度活動レポート」では、活動を開始した 2012 年 4 月から 2015 年 3 月末までに提供された情報 1,257 件について分析を行い、その結果全体の 12%に相当する 114 件（2 つの SIG の 9 つの参加組織を対象。4 種類のウィルス。）が同一の攻撃者（またはグループ）による一連の攻撃行為と推定されるという結論に至った[16]。この攻撃は 2012 年 9 月から 2015 年 3 月までの間、実に 31 か月間の長期にわたって観測されており、日本の国内組織に対してさまざまな手法で執拗に攻撃を仕掛けている実情が明らかにされた。

2　産業サイバーセキュリティセンターの概要と活動方針

2.1　産業サイバーセキュリティセンターについて

IPA は社会インフラおよび産業基盤に対する脅威に対処するため、2017 年 4 月 1 日、IPA 内に「産業サイバーセキュリティセンター」（英語表記名：Industrial Cyber Security Center of Excellence、英語略称：ICSCoE）を発足させた（**図 7**）。初代のセンター長として㈱日立製作所取締役会長兼代表執行役中西宏明氏が就任した。

図7 産業サイバーセキュリティセンター　エントランス部分

図8 産業サイバーセキュリティセンター　ロゴ

2.2 センター設立の背景

近年、社会インフラに物理的なダメージを与えるサイバー攻撃のリスクが増大している。海外においては、すでに国家などからのサイバー攻撃により、社会インフラや産業基盤の安全が脅かされる事案が発生している。幸い日本では、社会インフラを著しく破壊するようなサイバー攻撃はいまだ顕在化していないが、2020年の東京オリンピック・パラリンピックを控えた今、我が国の経済や社会を支える社会インフラや産業基盤のサイバー攻撃に対する防御力を抜本的に強化する必要がある。

実際に、2012年ロンドンオリンピック・パラリンピックでは、毎秒1万件の不正通信が行われ、さらに開会式会場へ通じる電力システムへの攻撃情報が寄せられたことから、直前に手動への切り替えを行うなどの処置を講じた[17]。2016年リオオリンピック・パラリンピックでは、大会運営に大きな影響を及ぼすサイバー攻撃はなかったものの、大規模なDDoS攻撃が行われたほか、Webアプリケーションへの攻撃試行が確認されたという[18]。

最近も「WannaCry」と呼ばれるマルウェアが世界中に広がり大きな騒動となった。このマルウェアは英国の医療サービスを担う国民保健サービス（NHS）の医療施設や海外の自動車工場のシステムなど人々の生活基盤、産業基盤への感染事例が大きく報道された。実際に、これらの組織では医療施設の診療中止や手術の延期、工場の操業停止などの問題が発生し、セキュリティ事故がサイバー空間だけではなく、現実の私たちの生活、産業にも大きな影響が及ぼすことを再認識することとなった。加えて、現在制御システムや組み込みシステムの領域では、IoTやデジタル化の波が押し寄せている。

IoT時代のサイバーセキュリティ　　173

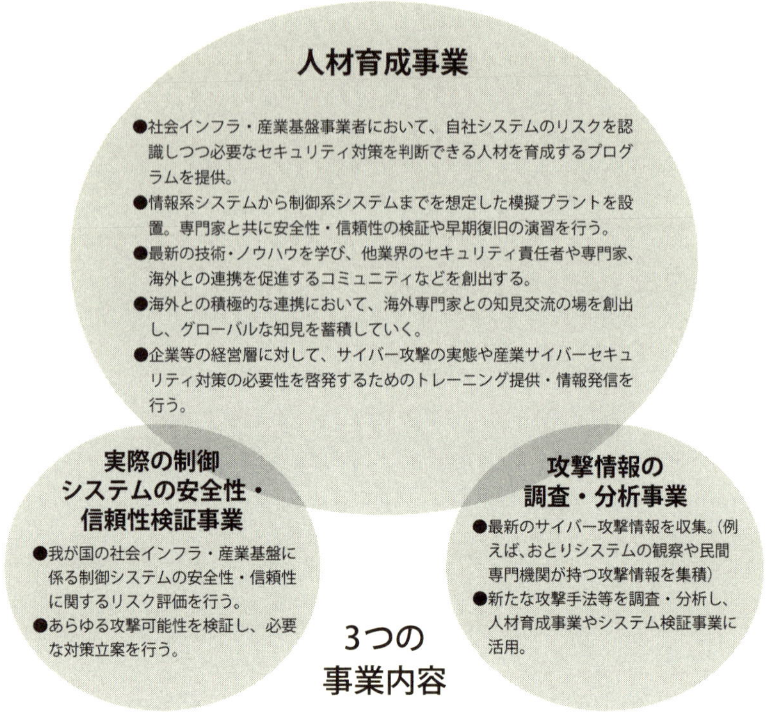

人材育成事業

● 社会インフラ・産業基盤事業者において、自社システムのリスクを認識しつつ必要なセキュリティ対策を判断できる人材を育成するプログラムを提供。
● 情報系システムから制御系システムまでを想定した模擬プラントを設置。専門家と共に安全性・信頼性の検証や早期復旧の演習を行う。
● 最新の技術・ノウハウを学び、他業界のセキュリティ責任者や専門家、海外との連携を促進するコミュニティなどを創出する。
● 海外との積極的な連携において、海外専門家との知見交流の場を創出し、グローバルな知見を蓄積していく。
● 企業等の経営層に対して、サイバー攻撃の実態や産業サイバーセキュリティ対策の必要性を啓発するためのトレーニング提供・情報発信を行う。

実際の制御システムの安全性・信頼性検証事業

● 我が国の社会インフラ・産業基盤に係る制御システムの安全性・信頼性に関するリスク評価を行う。
● あらゆる攻撃可能性を検証し、必要な対策立案を行う。

攻撃情報の調査・分析事業

● 最新のサイバー攻撃情報を収集。（例えば、おとりシステムの観察や民間専門機関が持つ攻撃情報を集積）
● 新たな攻撃手法等を調査・分析し、人材育成事業やシステム検証事業に活用。

3つの事業内容

図9 産業サイバーセキュリティセンターの事業内容

　本センターでは、拡大するセキュリティリスクから社会インフラや産業基盤の保護を行うこと目的として、サイバーセキュリティ人材の育成にかかわる事業を行うとともに、制御システムの安全性・信頼性検証の実施や脅威情報の調査・分析を通じて、サイバーリスクに対応する人材・組織・システム・技術を生み出し、官民が共同してサイバーセキュリティ対策強化を図るための中核拠点となることを目指していく。

図10 中核人材育成プログラム

　具体的には「人材育成事業」、「実際の制御システムの安全性・信頼性検証事業」、「攻撃情報の調査・分析事業」の3つの事業を実施する（図9）。

2.3　センターが提供する価値

（1）人材育成事業

　まず「人材育成事業」について、実際にどのように人材育成を行うか紹介する。本センターでは、情報システムから制御システムまで、システム全体の安全性・信頼性を客観的に評価し、サイバーセキュリティ確保に必要な技術・コストの精査を行い、総合的な戦略として経営幹部に働きかけを行っていくことができる人材、さらに、日々高度化を続けるサイバー攻撃について、最新のトレンドに精通し、他業界や海外の対策状況を把握するとともに、それらを自社の対策立案に効果的に反映することができる人材を育成していく。具体的には、民間企業から派遣された研修生に対し、「中核人材育成プログラム」という約1年の教育プログラムを提供する（図10）。

　プログラムでは、各業界のシステムを想定した模擬システムを活用し、実

践的なサイバー攻撃対象の演習を行うことで現場のリスクへの理解を深めつつ、情報システム（IT）と制御システム（OT）の総合的な技術スキルを習得する。さらに、海外の産業セキュリティ関連機関との連携トレーニングを継続的に実施し、海外有識者との人脈を形成しつつ、海外の最先端のセキュリティ対策に関する知見やノウハウの習得を目指す。

　また、センターでは、企業の経営層などを対象とした短期プログラムも開催する。

　その中の1つである「国際トレーニング」では、制御システムを有する企業のサイバーセキュリティ対策の統括部門の責任者を対象として、高度なサイバー脅威が増加していること、制御システムを有する企業を守るベストな方法とは何か、そして自社組織に適用可能なサイバーセキュリティ投資の根拠となるリスク分析、インシデント管理の実行フレームワークについて理解することができる。

　さらに、各業界に特化した「業種別トレーニング」では、仮想企業を想定した実践的演習の形式で、CISO, CIO に相当する役割を担っている方に限らずサイバーセキュリティ戦略に関係する責任者クラスとして IT 部門、生産部門、事業企画部門などの統括責任者およびマネージャークラス、またセキュリティ、システム、ネットワーク運用管理責任者向けに、規制、体制、人材、技術などのさまざまな観点から、業界別に企業が直面するサイバーリスクへの対応について熟議する。業界別に考慮すべきセキュリティ要件・安全性要件を織り込んだディスカッションを行うことで、サイバーセキュリティ戦略を基にどのような対策をとるべきか、また海外進出時の関連する海外の規制・法律についての対応などを学ぶことができる。

第5章　関連機関の取り組みの紹介

（2）実際の制御システムの安全性・信頼性検証事業

次に、「実際の制御システムの安全性・信頼性検証事業」を紹介する。この事業では、社会インフラや産業基盤を支える民間企業において、実際に使用されている制御システムの安全性や信頼性を検証するためのリスク評価を実施する。この事業において、あらゆる攻撃可能性を検証し、必要な対策立案を行うとともに、そこで得られた知見を用いて業界全体向けのガイドラインを整備し、サイバーセキュリティ対策の総合的なノウハウを創出していくことを目指す。

（3）攻撃情報の調査・分析事業

最後に、「攻撃情報の調査・分析事業」を紹介する。この事業では、例えば、おとりシステムの観察や民間専門機関が持つ攻撃情報の集積など、最新のサイバー攻撃情報を収集するとともに、新たな攻撃手法等を調査・分析し、人材育成事業やシステム検証事業に活用することを目指している。

3　おわりに

このように、産業サイバーセキュリティセンターは、我が国におけるサイバーセキュリティ対策強化のための中核拠点となるべく、人材育成事業から調査分析事業に至るまで、多角的機能を担っていく。

官民が有機的に連携することで、サイバーセキュリティ対策の効率的かつ効果的な実装を促し、強靭な社会インフラや産業基盤を構築していきたいと考えている。

<片岡　晃>

【参考文献】

1) https://www.ipa.go.jp/files/000025097.pdf

2) https://www.ipa.go.jp/files/000044733.pdf

3) https://www.ipa.go.jp/files/000051551.pdf

4) https://www.ipa.go.jp/files/000051552.pdf

5) https://www.ipa.go.jp/files/000058489.pdf

6) http://www.meti.go.jp/policy/netsecurity/vul_notification.pdf

7) https://www.ipa.go.jp/security/ciadr/partnership_guide.html

8) https://www.ipa.go.jp/files/000059695.pdf

9) http://jvndb.jvn.jp/

10) https://www.ipa.go.jp/files/000068061.pdf

11) http://www.ipa.go.jp/security/fy24/reports/ics_sec/index.html

12) http://www.cssc-cl.org/

13) https://www.ipa.go.jp/security/controlsystem/press_1.html

14) 「サイバー情報共有イニシアティブ (J-CSIP) 運用状況 [2018 年 4 月〜6 月]」より

https://www.ipa.go.jp/files/000068064.pdf

15) https://www.ipa.go.jp/about/press/20150527.html

16) 「サイバー情報共有イニシアティブ（J-CSIP）2014 年度 活動レポート 別冊 国内組織を狙う執拗な攻撃者「X」の分析」

https://www.ipa.go.jp/files/000046019.pdf

17) 独立行政法人情報処理推進機構「IPA サイバーセキュリティシンポジウム 2014 オリバーホーア氏講演録」より

https://www.ipa.go.jp/files/000039004.pdf

18) IPA サイバーセキュリティシンポジウム 2017 講演資料より

http://www.ipa.go.jp/files/000057712.pdf

2. 一般社団法人 JPCERT コーディネーション センターによる取り組み

1 一般社団法人 JPCERT コーディネーションセンターの概要

　一般社団法人 JPCERT コーディネーションセンター（以下 JPCERT/CC）は、経済産業省から委託を受けて国内の情報セキュリティの技術的支援・対策を行っている組織である。活動の全体像を**図 1** に示す。筆者は、2005 年より JPCERT/CC の活動に参加しているが、JPCERT/CC 自体は 1996 年から活動を始めている。

　JPCERT/CC のようなコンピュータのセキュリティインシデント（以下インシデント）の緊急対応を目的とした組織を CSIRT（Computer Security Incident Response Team）と言うが、世界で最初の CSIRT である米国の CERT/CC はモリスワームの蔓延を契機に 1988 年にアメリカ国防高等研究計画局（DARPA）により設立され、その活動を開始している。CERT/CC が設立されたのを皮切りにその後 CSIRT が次々に設立されることとなった。また、CSIRT 間の情報連携などを目的に 1990 年に FIRST（Forum of Incident Response and Security Teams）[1]という国際的なフォーラ

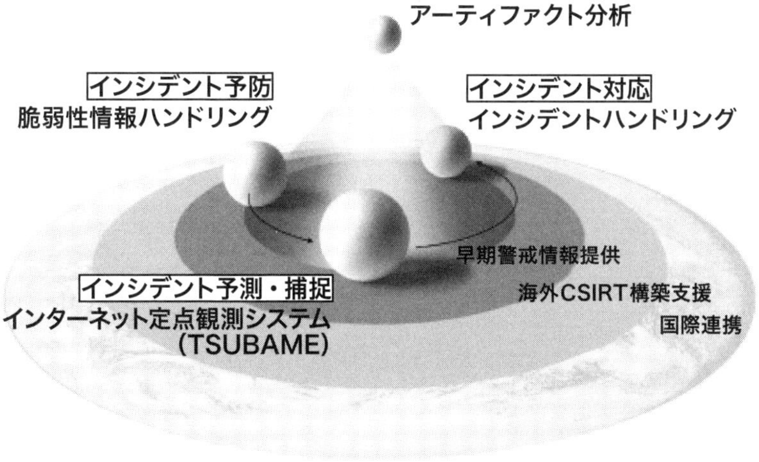

アーティファクト分析

インシデント予防
脆弱性情報ハンドリング

インシデント対応
インシデントハンドリング

早期警戒情報提供

インシデント予測・捕捉
インターネット定点観測システム
（TSUBAME）

海外CSIRT構築支援
国際連携

図1　JPCERT/CC 活動全体像

ムが設立された。その後、米国で制御システムに対するサイバー攻撃が現実のものではないかという議論が起こり、アイダホ国立研究所 (INL) がオーロラプロジェクト[2]と称する発電機へのサイバー攻撃の実験を行い、実際にサイバー攻撃で発電機が故障することを実証して見せた。これを受けて、米国では制御システムのセキュリティを専門に扱う「ICS-CERT[3]」が 2009年に設立された。ICS-CERT は、米国土安全保障省が運営する制御システムセキュリティ対策を専門とした組織で、制御システム製品の脆弱性情報の調整に加えて、米国内重要インフラ組織からのインシデント報告の受け付けを行っている。

　国内に目を向けると、日本の CSIRT の普及を支援する目的で日本シーサート協議会[4]（NCA；Nippon CSIRT Association）が 2007 年 3 月に設立され、JPCERT/CC がその事務局を担っている。

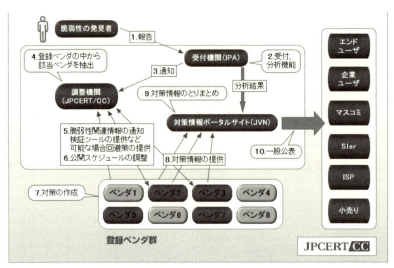

図2 調整機関のポジションと調整プロセス

　話を JPCERT/CC の活動に戻すと、JPCERT/CC は当初国内で発生したインシデントについて技術的に支援するところから活動をはじめ、その後 2004 年 4 月に経済産業省より公示された「ソフトウェア等脆弱性関連情報取扱基準[5]」において、日本国内の脆弱性関連情報流通のための「調整機関」として指定され、独立行政法人情報処理推進機構（IPA）と連携して日本国内における脆弱性関連情報流通を開始した（**図2**）。

　2000 年代中頃になると、重要インフラ事業者にもサイバー攻撃の脅威が及び始めたことから、JPCERT/CC では国内の重要インフラ事業者へ優先的に情報を提供する早期警戒情報の提供を開始した。早期警戒情報は、JPCERT/CC に集約されるインシデント情報、脆弱性情報（未公開情報を含む）、インターネット定点観測情報又は攻撃情報などのさまざまなセキュリ

表1 早期警戒情報提供対象組織の一例

政府系組織

各種公共団体（地方公共団体，公共組合，営造物法人，独立行政法人など）

CEPTOAR（重要インフラ13分野の事業者ごとにおける情報共有・分析体制）

重要インフラ事業者

重要インフラに関わる製品開発を行っている事業者

重要インフラ事業者の大規模システムを構築，運用している事業者

産業機器の制御などを行う組込み機器の開発・提供を行っている事業者

広く国民の社会活動に関わるサービスやインフラを提供している事業者

広く国民に利用される電子製品や制御機器などを提供している事業者

ティ関連の"脅威情報"の中で、重要な情報インフラなどに重大な影響を及ぼす可能性がある情報であり、JPCERT/CCが早期に重要な情報インフラ等を提供する組織および団体と共有すべきと判断したものである。早期警戒情報の主な提供対象を**表1**に掲載する。

　加えて、企業におけるマルウェア感染が大きな問題となると同時に、マルウェアが高度化し、ボットネットといった新たな脅威の発現に伴い、新種のマルウェアにも早期に対応できるようにするため、マルウェアの分析を行う「分析センター」を2006年に開設し、総務省、経済産業省の官民連携プロジェクトでボットウイルス対策を行う「サイバークリーンセンター」（2011年3月で活動終了）（**図3**）への協力などを行ってきた。

IoT時代のサイバーセキュリティ　**183**

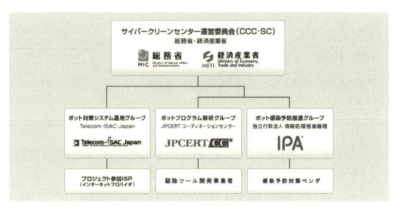

図3 サイバークリーンセンター体制図
（https://www.telecom-isac.jp/ccc/ より）

　また、インターネット上のサイバー攻撃の動向を把握する目的で、インターネットモニタリングシステムの開発、運用も行っている。その1つがアジア・パシフィック地域のインターネット定点観測可視化プロジェクト「TSUBAME」である。

　TSUBAMEは、アジア・パシフィック地域のサイバー攻撃を可視化し、攻撃動向を分析することを目的としたプロジェクトで、同地域の多数のNational CSIRTが参加している。TSUBAMEでは、攻撃動向を把握するためにプロジェクトに参加する各地域のインターネット接続環境にデータ観測用のセンサーを分散設置し、そこから得られたデータを分析（**図4**）することで、アジア・パシフィック地域をまたがるようなサイバー攻撃の一端を把握することができる。

　TSUBAMEで観測されたインターネット上の攻撃活動については、次のWebページにて週次でデータを公開しているので、参考にしていただけれ

図4 TSUBAME システム分析画面

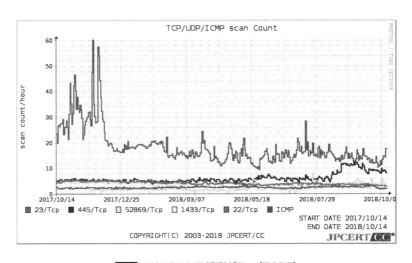

図5 TSUBAME 観測グラフ (TOP5)

ば幸いである（**図 5**）。

● **TSUBAME（インターネット定点観測システム） 観測グラフ**

https://www.jpcert.or.jp/tsubame/#examples

　制御システムセキュリティに関する活動としては、制御システムセキュリティ
対策活動の 1 つとして、2009 年 2 月に「制御システムベンダーセキュリティ
情報共有タスクフォース」を立ち上げ、制御システムベンダ間のセキュリティ
情報共有を行った。また、経済産業省が 2011 年に制御システムセキュリティ
検討タスクフォース [6] を設置し、制御システムのセキュリティについて有識者
を交えた議論を行った中で日本版 ICS-CERT の必要性が唱えられ、その結
果 JPCERT/CC がその役割を担うこととなった。そこで、2012 年夏にこれ
まで既存業務の一環として行ってきた制御システムセキュリティに関する活動
を専門に担う制御システムセキュリティ対策グループを新設した。この制御シ
ステムセキュリティに関する取り組みについては、[3] にて詳しく述べる。

2　JPCERT/CC の活動から見る制御システムの脅威の動向（概観）

　制御システムの脅威の動向については 3 章で詳しく述べられているので、
本章では JPCERT/CC の日々の情報収集活動や制御システム関係者から得
た話からその概観を手短に紹介する。

　制御システムに対するサイバー攻撃としてもっとも有名なものは、イランの
ナタンツの核濃縮施設を破壊することを目的として開発された Stuxnet を使
用した攻撃であろう。Stuxnet はマイクロソフト Windows の未修正の脆弱

性を使用して施設内のコンピュータに感染を広げ、そこから特定の制御システムを操作して核濃縮施設の設備を破壊する非常に高度なマルウェアで、他に類を見ないものであった。この Stuxnet を使用した攻撃については、攻撃者の背後に国家が関与したと言われており、頻繁に起こりえるものではないと見るべきである。Stuxnet 以前の制御システムのインシデントは、情報系システムを狙ったマルウェアがたまたま USB メモリなどを経由して制御システムにまで入り込んだものがほとんどで、感染しても実害を伴わないケース(情報系のマルウェアは情報窃取を目的としたものが多く、制御システムはシステム内部から外部への通信ができない構成がほとんどのため、情報漏洩といった被害は発生しない)がほとんどであった。このため、制御システムへのサイバー攻撃は重要視されず、セキュリティ対策もあまり進められなかった。しかし Stuxnet の出現以降、制御システムを意図的に狙ったサイバー攻撃が数は少ないながらも発生し始め、2015 年 12 月にはとうとうウクライナの電力関連施設に対するサイバー攻撃が発生し、実際に一部地域で停電が発生するまでの事態となった。ウクライナへのサイバー攻撃はその翌年にも発生しており、制御システムを狙ったサイバー攻撃がより現実のものとなった事例である。

　制御システム専門の CSIRT である ICS-CERT は、制御システム製品の脆弱性情報の調整に加えて、米国内の重要インフラ組織からのインシデント報告の受け付けを行っており、それら業務について年次報告という形で統計データを公開している(**図6**)。これを見ても分かるとおり、米国において制御システムに関するインシデント報告数や脆弱性の公開数は絶対数としては情報系のインシデントに比べて二桁程度少ない数ではあるが、緩やかながら

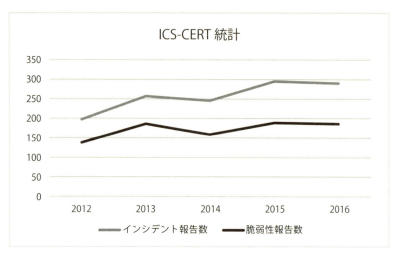

図6 米 ICS-CERT 統計情報（https://ics-cert.us-cert.gov/Other-Reports より、JPCERT/CC にて作成）

増加傾向にあることが分かる。

　将来起こりえるインシデントとして、ランサムウェアによる制御システムの動作不全といった被害が考えられる。これまで制御システムに感染したマルウェアは、情報系のシステムを狙ったものがたまたま制御システム内に入り込んだケースがほとんどで、そういった場合制御システムへの影響は軽微なものが多かった。しかしながら、ランサムウェアは PC 上のデータを暗号化して人質に取るため、制御システム上に保存されているレシピなどの重要なデータや、稼働に必要なデータが暗号化されたりして制御システムが停止してしまう危険性が考えられる。特に制御システムを構成する PC は脆弱性の修正プログラムが適用されていないことがほとんどのため、一旦制御システムネットワークにランサムウェアが侵入してしまうとネットワーク経由で感染が拡大し、

制御システム全体に感染が拡大するかもしれない。

　本原稿を執筆している 2017 年 5 月には世界的に感染被害を及ぼした WannaCry[7] ランサムウェアが出現した。報道ベースの情報ではあるが、海外では自動車工場などが操業を停止するといった被害が出ており、今後もこういった被害が起こることが懸念される。

3　JPCERT/CC の制御システムセキュリティに対する取り組み

　JPCERT/CC では、前述のとおり制御システムセキュリティ専門のチームを 2012 年に立ち上げた。その専門チームでは、主に以下に示す制御システムセキュリティに関する業務を行っている。

① 情報収集、分析、発信業務
② 制御システムセキュリティインシデント対応支援業務
③ 制御システム製品の脆弱性情報の取り扱い
④ 普及啓発業務

3.1　情報収集、分析、発信

　JPCERT/CC では、制御システムに関する脅威情報の収集・分析のために一般の Web サイトや、メーリングリスト、掲示板などのインターネット上のさまざまな情報源から情報を収集し、国内の制御システム関係者への影響や脅威度などを分析している。分析した情報は、影響範囲、脅威度などを元にメーリングリストや制御システムセキュリティポータル ConPaS などで制

御システムセキュリティ関係者に広く情報提供したり、当事者に直接情報提供したりしている。

以下に各情報提供サービスについて示す。

● **制御システムセキュリティメーリングリスト**

JPCERT/CC では、制御システムセキュリティに関する情報提供用のメーリングリストを運営している。この情報提供用メーリングリストは、誰でも無料で登録でき、主に以下の制御システムセキュリティ関連情報を提供している。

1. 制御システムセキュリティに関する注意喚起・参考情報
2. 制御システムセキュリティニュースレター
3. 制御システムセキュリティカンファレンス等のイベント情報

制御システムセキュリティに関する注意喚起・参考情報では、JPCERT/CC が収集・分析した情報のうち、国内の制御システム関係者にとって深刻でかつ影響範囲の広い「ソフトウェアの脆弱性」や、海外で発生した制御システムに対する「サイバー攻撃情報」、セキュリティ対策の参考情報などを配信している。

・注意喚起

JPCERT/CC に集約される国内外のインシデント情報や、公開されている脆弱性情報、インターネット定点観測情報、攻撃情報などのさまざまなサイバーセキュリティ関連情報から、特に国内の制御システム関係者に深刻な影響を及ぼす可能性があり、JPCERT/CC が「セキュリティ対策が必要」と判断した情報について、その概要・対策などをまとめた情報である。

・参考情報

　制御システム関係者への情報共有を目的として、JPCERT/CC が日々収集
している脆弱性情報や脅威情報などのうち制御システムセキュリティの観点か
ら制御システム関係者にとって有益であると判断した情報について、その概
要、対策などをまとめた情報である。

・制御システムセキュリティニュースレター

　制御システムセキュリティニュースレターは、日々の情報収集業務において
JPCERT/CC が収集・分析した情報を、「制御システムセキュリティ関連ニュー
ス」、「制御システム脅威事例」、「ICS-CERT からのアラート情報、アドバイ
ザリー情報」などに構成して、毎月メーリングリストにて配信している。また、
JPCERT/CC が主催する制御システムセキュリティに関するセミナーやカン
ファレンスなどのイベント情報も配信している。

● 制御システムセキュリティポータルサイト ConPaS

　JPCERT/CC では、制御システムのセキュリティ関連情報をまとめたポー
タルサイト ConPaS を運用している（**図 7**）。ConPaS では、制御システム
セキュリティに関する規定やガイドラインに加えて、ICS-CERT が発行するア
ドバイザリー・アラートの抄訳、ニュースレターのアーカイブ、毎日のパブリッ
クモニタリングで収集したニュースからピックアップしたホットトピックなど多
数の情報を掲載している。ConPaS は、制御システム関係者であれば誰で
も無料で利用いただけるため、利用を希望される方は JPCERT/CC の Web
サイト（https://www.jpcert.or.jp/ics/ics-community.html）から申し込
みいただければと思う。

図7　制御システムセキュリティポータル ConPaS

3.2　制御システムセキュリティインシデント対応支援業務

　JPCERT/CC では、国内で発生した制御システムのインシデントについて技術的な対応支援を行っている。幸いなことに、これまでのところ国内では制御システムに関する大規模なインシデントは発生しておらず、軽微なマルウェア感染がほとんどである。それらについては、アセットオーナがベンダなどと協力して自主的に解決しているため、JPCERT/CC には制御システムに関するインシデント報告はあまり寄せられていないのが現状である。

　そのため、JPCERT/CC ではインシデントを未然に防止する観点で、イン

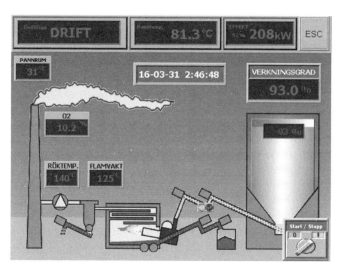

図8 SHODAN にて発見した海外の制御システムの画面例

ターネットからアクセス可能な制御システムを調査・リストアップし、その所有者に対して「不特定の人間が外部からアクセスできることの危険性」を伝えつつ、適切なセキュリティ対策が行われるように提案を行っている。

具体的には、SHODAN[8]などのインターネット・ノード検索サービスなどのデータをもとに、インターネットに直接接続された制御システム（図8）を調査・リストアップし、個別に稼働確認を行った上で、個々の制御システムのIPアドレスから管理者を特定する。次にその管理者に対して、制御システムをインターネットから直接アクセスできる状態にしておくことの危険性をメールで連絡し、ファイアウォールの内側に制御システムを設置し直すといった構成変更や、制御システムの認証機能（ID/パスワードなど）を有効にするなどの対策の提案を行うことで、将来的に攻撃者からの被害を未然に防ぐ

IoT時代のサイバーセキュリティ　　193

活動をしている。

　現時点では、こういった活動の対象となるインターネットに直接接続された国内の制御システムは、欧米諸国に比べて少ない（SHODAN などのデータを見る限りは一桁以上少ない状況にある）ため、国内の制御システムは比較的外部からの攻撃にあいにくいといえる。しかしながら、SHODAN のようなサービスですべての外部に公開されたシステムを検出することは不可能であるため、新たな調査方法を研究するなどしてより多くのインターネットに接続された無防備な制御システムを早期に発見し、被害を未然に防ぐ活動もあわせて実施していく必要がある。

3.3　制御システム製品の脆弱性情報の取り扱い

　2010 年頃まで、制御システムはサイバー攻撃の対象となっていなかった。このため、制御システムの開発現場においてはセキュリティを考慮した設計やコーディングは重要視されず、結果として制御システムには多くの脆弱性が含まれることとなった。その後、ソフトウェアの脆弱性を調査する研究者たちが制御システムの脆弱性に注目し、調査を行うようになった結果、制御システムでも多くの脆弱性が発見されることとなった。

　これに対し、JPCERT/CC では国内の脆弱性情報取扱機関として、制御システムに関する脆弱性も取り扱いの対象とし、脆弱性の発見者と国内の制御システムベンダとの間の調整を行い、脆弱性情報が適切に公開されるように活動している。

図9 制御システムセキュリティカンファレンス開催風景

3.4 普及啓発業務

　前述の通り、現在国内での制御システムに関するインシデントは大きな問題と認識されていない。JPCERT/CC が 2015 年に行った制御システム関係者へのヒアリング調査[9]においても、制御システム関係者の多くは「これまでも今後も (インシデントは) 発生する可能性は低い」と捉えていることが分かっている。しかしながら、海外ではウクライナの発電所へのサイバー攻撃に見るように、重要インフラへのサイバー攻撃は現実となり、徐々に身近なものとなり始めている。

　また、制御システムは可用性を重視し、セキュリティ対策のためにシステムを停止するのが困難という側面を持っていることから、いざセキュリティ対策を行うとなってもかなりの時間が必要となるケースが多い。これらのことから、JPCERT/CC としては喫緊の課題としてではなく、将来迫り来る脅威に対応するための制御システムのセキュリティの重要性を普及啓発することに力を入

れている。具体的には、内閣サイバーセキュリティセンタ（NISC）[10] が定める重要インフラ事業者 13 分野のうち制御システムを有する電力、ガス、水道、鉄道、航空、物流、石油、化学に加え、自動車、電機などの製造業の各事業者と個別の打ち合わせなどを通じて関係構築を行い、制御システムセキュリティに関する普及啓発や技術的な支援、情報提供などを行っている。

　加えて、毎年 2 月には制御システムの関係者を対象とした「制御システムセキュリティカンファレンス」を開催（**図 9**）し、広く一般に向けた普及啓発活動も併せて行っている。

<中谷昌幸>

【参考文献】

1) FIRST

https://www.first.org/

2) Aurora Generator Test

https://en.wikipedia.org/wiki/Aurora_Generator_Test

3) ICS-CERT

https://ics-cert.us-cert.gov/

4) 日本シーサート協議会

http://www.nca.gr.jp/

5) ソフトウェア等脆弱性関連情報取扱基準

http://www.meti.go.jp/policy/netsecurity/downloadfiles/140514kaisei
kokuji.pdf

6) 制御システムセキュリティ検討タスクフォース

http://www.meti.go.jp/committee/kenkyukai/mono_info_service.

html#controlsystem_security

7) WannaCry

https://ja.wikipedia.org/wiki/WannaCry

8) SHODAN

https://www.shodan.io/

9) 制御システムセキュリティに関するアセットオーナ実態調査

https://www.jpcert.or.jp/ics/document.html#asset-owner-survey

10) 内閣サイバーセキュリティセンター

https://www.nisc.go.jp/

3. 自動車分野の取り組み

1　自動車セキュリティ概要

　自動車分野では、従来は、セキュリティと言えば自動車の盗難防止対策を指していた。その理由は、自動車そのものが高い資産価値を有するからである。自動車を窃盗以外の目的で攻撃をするためには、通信でつながる前は、自動車に直接細工をする必要があった。この場合、電子システムに対する操作よりも、物理的な細工の方が容易であることから、電子システムに対するセキュリティ考慮の必要性は小さかった。

　こうした状況を一変させたのが、2010 年のワシントン大学 Koscher、Kohno らによる研究である[1]。この中で、車載ネットワークに対する遠隔攻撃の可能性が報告された。以来、BlackHat、DEFCON といったセキュリティ全般の会議の場で、ハッカーが自動車に対する攻撃事例を紹介するようになった。2015 年、Charlie Miller と Chris Valasek は、BlackHat でフィアット・クライスラーのジープ・チェロキーを携帯電話回線を通じて操作するデモを発表した[2]。この事例は、車両に対して、遠隔でソフトの書換えを実施し、遠隔操作できたことで、自動車業界の大きな話題になった。この結果、140 万台以上に上る車両のリコールにつながった。[3] こうした研究が、車載システムのセキュリティ強化の取り組みを加速させてきた。

　自動車と外部との通信の代表例として、自動車会社が携帯電話回線を使って実施するリモートサービス、インフォテイメントが普及している。これに加

えて、安全支援システムのために周辺車両との間で専用無線を使った車両通信（V2X 通信；Vehicle to X 通信、広い意味では、携帯電話回線等を使う自動車通信も含まれるが、本稿では、専用通信のみを V2X 通信と呼ぶ。）を使う検討が、2000 年前後から始まっている。このしくみは、主に放送型の専用通信であることから、独自に通信セキュリティの構築が必要であり、日、米、欧で規格が策定されている。通信で外部とつながるため、車載電子システムもセキュリティを考慮する必要が出てくる。これに対する検討は、2005 年頃から欧州で欧州委員会の支援を受けて始まっている。

こうした自動車の環境変化に伴う新たな脅威の出現に対して、国内では独立行政法人情報処理推進機 IPA（Information-technology Promotion Agency）は 2009 年 3 月に、「自動車と情報家電の組込みシステムのセキュリティに関する調査報告書」を発表している [4]。ここでは、自動車および情報家電のセキュリティ対策として、利用者に対する啓蒙、製造者に対する対策の働きかけの必要性を説いている。2013 年には「自動車の情報セキュリティへの取組みガイド」を発行して、業界に取り組みを促している。2017 年には第 2 版が発行された [5]。

2013 年 9 月、名古屋大学高田広章教授と横浜国立大学松本勉教授は、自動車セキュリティ確保技術の本格的研究の必要性等を唱え「車載組込みシステムの情報セキュリティ強化に関する提言」を発表した [6]。

国内で標準化を担当する公益社団法人自動車技術会は 2015 年 3 月には、JASO TP15002「自動車情報セキュリティ分析ガイド」を発行している [7]。

車載電子制御システムのソフトウェアやネットワークの標準化などを目指し設立された一般社団法人 JasPar（Japan Automotive Software

Platform and Architecture）は、セキュリティに関する検討を行い、メッセージ認証技術要件定義書、鍵管理ガイドライン（要件定義書）、ECU間認証技術解説書、ファジングテスト実施ガイド等を策定し、2015年〜2016年に発行している[8]。

　自動車メーカーの団体である一般社団法人日本自動車工業会では、自動車セキュリティ分野で、公益社団法人自動車技術会、一般社団法人JasParなどと連携して活動している[9]。

　一般社団法人重要生活機器連携セキュリティ協議会が2014年に発足し、自動車を含む重要生活機器のセキュリティに関して検討を進めている。2016年6月には、製品分野別セキュリティガイドライン第1版、2017年5月には第2版を策定し、公開している。この中に、車載機器編が含まれている[10]。

　米国の国防省の研究組織であるDARPA（Defense Advanced Research Projects Agency）は2004年にGrand Challenge、2007年には、Urban Challengeと呼ばれる自動運転車のレースを開催した。これらを通じて、自動運転が技術的に実現可能であることが証明された。これを受けて、Googleが自動運転車の開発と、公道での走行を可能にするための州政府への働きかけを行った結果、2012年から公道での走行が実現した。これをきっかけに、さまざまな自動車メーカーが自動運転技術の開発を本格化させてきた。

　自動運転のためには、自動車が走行環境を車載のセンサ、外部からの情報を使って認識し、走行すべき経路・速度を決め、走行制御系に指示を出すことが必要である。こうしたプロセスのどこかが、外部からサイバー攻撃を受けると、走行に影響を与え、最悪は事故につながる。こうしたことが、自

動車セキュリティの研究を加速させている。平成 26 年度からは、内閣府が推進する省庁横断プロジェクト、戦略的イノベーション創造プログラム SIP（Cross-ministerial Strategic Innovation Promotion Program）のテーマの 1 つとして自動走行システムが選ばれ、その中で自動車セキュリティの研究も取り上げられた [11]。

2 産業用制御システム、ICT と自動車におけるセキュリティの比較

自動車では、安全が最も重要であるため、情報通信業界で言われるセキュリティの CIA（Confidentiality、Integrity、Availability）の中では、Availability と Integrity が重要である。この点は、産業用制御システムと似ている。

一方、産業用制御システムや情報システムは、建屋および入退出管理で物理的なアクセスからは保護できるのに対して、自動車では、管理できない駐車場に置かれる状況もしばしば発生する。産業用制御システムや情報システムでは、専門知識を持った管理者に管理されることを期待できるが、自動車では、これは難しい。

自動車は移動できることから、その位置・速度情報は、使用者等の了解の下、統計処理されて交通情報の作成等に使われている。しかしながら、個別の車両の走行が分析され、使用者の情報と関連付けられると、使用者の行動履歴がわかり、プライバシー保護の観点で問題になる恐れがある。

以上、自動車のセキュリティを考える場合、産業用制御システムや情報シ

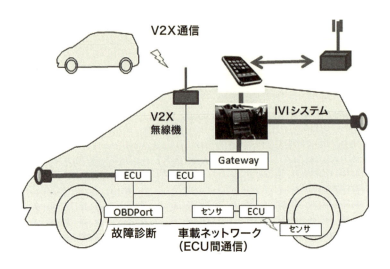

図1 車載ネットワークのイメージ

ステムと共通点はあるが、これらとは異なる特徴・課題があることを考慮しなければならない。

3　自動車におけるセキュリティの取り組み概要

　自動車では、標準的なアーキテクチャやインタフェースは存在せず、自動車メーカー、車種などによって、構造は多種多様である。図1は、以下の述べる自動車セキュリティの説明のための車載ネットワークのイメージである。ここで、それぞれの記号の意味を以下に示す。

- ECU：電子制御ユニット、エンジン等車載機器を制御する小型コンピュータ

- V2X 通信機：ここでは、専用の周波数を使った周辺車両との通信システムを指す
- IVI：車載インフォテイメントシステム（In-Vehicle Infotainment）、ナビ等車載情報端末
- OBD Port：故障診断端子（On Board Diagnostic ポート）
- Gateway：車載ネットワークと IVI その他を結ぶ機器

車載組込みシステムの情報セキュリティ強化の提言が 2013 年に出されている。**表1** に概要を示す。

自動車では、図 1 で、自動車の内部の車載ネットワークと、自動車の外側（V2X 通信など）とで、それぞれ異なるアプローチでセキュリティの検討・

表1 車載組込みシステムの情報セキュリティ強化に関する提言概要と対象部分

	1	2
脅威の内容	車内の CAN に直接攻撃機器が取り付けられ，不正メッセージを流し込まれる	OBD-II ポートに攻撃機器を繋がれ，CAN に不正メッセージを流し込まれる
評価	明白な脅威だが，車の内部の細工を要する．類似物理的攻撃相当	効果は1と類似，1より容易のため危険性高い
対応策案	攻撃可能性軽減は必要	早急な対応が必要
対象部分	車載ネットワーク（CAN）	OBDポート，車載ネットワーク（CAN）

	3	4
脅威の内容	インターネット等のネットワーク越し操作で，CAN に不正メッセージが流される	ECU のソフトウェアの不正書き換え
評価	危険性高い．CAN 上の ECU が，ネット越しに乗っ取られるケース等	ECU の不正書き換えは安全性に深刻な影響
対応策案	車外ネットとの接点の ECU でのセキュリティ強化は重要	ECU ソフトの不正書き換え防止，検出が必要
対象部分	車載インフォテイメント，車載ネットワーク	車載ネットワーク（CAN）

［出典］高田, 松本, 車載組込みシステムの情報セキュリティ強化に関する提言（2013 年 9 月）[6] を基に編集

開発・標準化が進められている。以下、それぞれについて紹介する。

4 車載システムのセキュリティ

4.1 概要

　自動車では、エンジンやブレーキ等を制御する ECU の間の通信は CAN（Controlled Area Network）と呼ばれる車載 LAN で接続する方法が広く普及している。このネットワークは，通信速度は 1Mbps、1 データフレーム当たり 8 バイトのデータを送信する。これは、一般的な情報通信システムに使われるイーサネットの通信速度 1Gbps、データフレーム当たり 1,500 バイトに比べて速度、データ量共に小さい。このことから、パソコンなどのマルウェアが侵入する心配は少ない。その反面、ネットワークにセキュリティ対策をする際には、ネットワークの性能が障害になる。

4.2 車載システムセキュリティ開発

　車載システムセキュリティに関しては、欧州が 2000 年代の半ばから取り組んでいる。**表 2** に、車載システム、車外通信システムに関する研究開発プロジェクトの年表を示す。この中で、特に EVITA（E-safety vehicle intrusion protected applications）が 2008 年から 2011 年まで実施された [12]。このプロジェクトでは、車載ネットワークのセキュア化のために、暗号処理、鍵のセキュアな保管、乱数作成などの機能を持つハードウェアセキュリティモジュールの基本設計を実施している。搭載される機能別に Full、Medium、Light の 3 種類が提示されている。このうち、Light、Medium

表2 欧州の主な ITS 関連セキュリティ開発プロジェクト

プロジェクト名	SeVeCom	EVITA
概要	車両間通信のセキュリティとプライバシー問題の現実的な解を求めるため，要求仕様，脅威分析，アーキテクチャ，リファレンス実装，学術面での検討．現在の協調システムにおけるセキュリティの基礎となっている．	車載システムのセキュリティ確保を目的とし，セキュリティチップの試作までを行った．物理的，無線インタフェース経由のアクセスの双方を想定し，攻撃の防止，防御，封じ込めを目指した．3種類の仕様 (Full, Medium, Light) を策定．
主な対象	V2X 通信	車載ネットワーク
期間	2006〜2009	2008〜2011
費用(百万 €)	4.7	6
主な参加者	Trialog, ダイムラー, Fiat, Philips, 他	FraunhoferSIT, BMW, Continental, Escrypt, 富士通セミコン, 他

プロジェクト名	Oversee	Preserve
概要	インフォテイメント等のオープン化とセキュリティの検討プロジェクト．セキュリティを考慮したアーキテクチャが特徴．共通プラットフォーム上に複数の互いに隔離された実行環境を構築し，外部との入出力の管理で，セキュリティを確保．	EVITA Full をベースに，実用可能な V2X 通信セキュリティの開発・実装．当初，2014 年末までの計画だったが，半年間延長された．
主な対象	車載インフォテイメント	V2X 通信
期間	2010〜2012	2011〜2015
費用(百万 €)	3.9	5.4
主な参加者	Escrypt, Trialog, Volkswagen, 他	Twente 大, Escrypt, Trialog, Renault, FraunhoferSIT, 他

プロジェクト名	Euro-MILS
概要	（航空機にも実績のある）複数の OS 環境を安全に共存させることを目指したプロジェクトである．基本的技術は，SYSGO 社が開発した PikeOS 上に複数の OS を搭載することである．
主な対象	IVI / 高信頼性ネットワーク
期間	2012〜2015
費用(百万 €)	8.4
主な参加者	Sysgo, AirBus, 他

[出典] 各プロジェクト資料より抜粋編集

は既に車載マイコンメーカーから製品として提供されている。

　EVITA とは別に、ドイツの自動車メーカーのグループ HIS（Herstellerinitiative Software）によって、マイコンへのセキュリティ機能の追加仕様の規格 SHE（Secure Hardware Extension）が 2010 年に発表されている。これは、EVITA プロジェクトで検討された EVITA Light 相当の仕様となっている。

　この他、OVERSEE（Open VEhiculaR SEcurE Platform）、EuroMILS といったプロジェクトでは、主に車載インフォテイメントシステムのような、車載システムとしては処理能力の大きなシステム上で、セキュリティ要求の異なる複数の環境を共存させる仕組みを開発している。

　日米欧の多くの ICT 企業が参加する TCG（Trusted Computing Group）は、パソコンなどで使われるセキュリティモジュール TPM（Trusted Platform Module）の仕様を策定し、普及させている。2015 年 3 月に TPM バージョン 2 の仕様が発表された。この中には、自動車向けの TPM-Thin の仕様が含まれている [13]。

5　車載システムに関する国内外の標準化、ガイドライン、規制の動向

　技術開発、実用化の動きと平行して、ガイドライン、国際標準化の動きも活発化している。

5.1 国内の車載システムに関するガイドライン、標準化動向

国内では、公益社団法人自動車技術会が2015年3月に、JASO TP15002「自動車情報セキュリティ分析ガイド」を発行している。これは、自動車関係技術者に、車載システムのセキュリティ分析の基本的手法を提供することを目的としている。評価対象モデルの定義、セキュリティ分析、リスク評価などから構成されている。セキュリティ分析手法としては、5W法（Where、Who、When、Why、What；どこで、だれが、いつ、なぜ、なにを（どんなことを））を紹介している[7]。

5.2 海外の車載システムに関するガイドライン、標準化動向

米国では、SAE（Society of Automotive Engineers）が、自動車に関する規格を策定している。2016年1月には、J3061 Cybersecurity Guidebook for Cyber-Physical Vehicle Systemsが発行された[14]。この文書は、自動車の開発のプロセスを中心に、Best Practice（最善の行動）を提供することを目的にしている。自動車の電子システムの機能安全の規格ISO26262との関係に着目している。2016年1月に発行されたが、セキュリティの指標、評価関連の記述のために改定中である。この他、J3101 Requirements for Hardware-Protected Security for Ground Vehicle Applicationsという規格の策定が進められている[15]。これは、ハードウェアセキュリティモジュールに対する要求を規定することを目指している。

米国政府のDoT（運輸省）の部局であるNHTSA（National Highway Transport Safety Administration）は、2016年10月にCybersecurity Best Practices for Modern Vehiclesという文書を発行し

ている[16]。この中で、リスクベースのアプローチ、NIST（National Institute of Standards and Technologies）のサイバーセキュリティフレームワークに従うこと、セキュリティを考慮した開発プロセス、リーダーシップ、セキュリティ情報共有、脆弱性報告、インシデント対応、自己監査、開発・デバッグ関係者の限定、鍵管理、故障診断アクセスの限定、ファームウェアアクセスの管理、ファームウェアの変更範囲の限定、ネットワークポートの管理、内部通信の管理、ログ管理、サーバとの通信の管理、無線インタフェースの限定などを重要なポイントとして挙げている。

国連自動車基準調和世界フォーラム（UNECE WP29）では、サイバーセキュリティおよびOTA（Over The Air software update）に関する推奨ならびにレギュレーション案を策定している[17]。また、英国は、2017年8月にPrinciples of cyber security for connected and automated vehiclesを発表しており[18]、国際的にも取り組みが加速している。

民間側でも、AutoISAC（Automotive Information Sharing and Analysis Center）が2015年に設立され、脆弱性情報の収集・分析・共有に加えてBest Practiceを発表している[19]。

自動車業界団体（Global Automakers, Alliance of Automotive Manufacturer）は2016年1月には、Framework for Automotive Cybersecurity Best Practices（自動車サイバーセキュリティに関するBest Practiceの枠組み）を発表して、業界として取り組むことを宣言している[20]。

欧州中心の自動車向けのソフトウェアプラットフォーム策定活動Autosarでは、リリース4.2.1の規格に車載ネットワークのセキュリティ関連の要件が盛り込まれている[21]。

208　第5章　関連機関の取り組みの紹介

5.3　車載システムに関する ISO 国際標準化動向

　ISO TC22（Road Vehicle）と SAE とで、自動車セキュリティに関する
国際標準化の合同作業が合意され、ISO/SAE 21434 Road Vehicles −
Cybersecurity engineering という規格策定に向けた活動が 2016 年から
始まっている [22]。

6　V2X 通信とセキュリティ

　自動車と外部との通信には携帯電話回線や専用通信（ここでは、これを
V2X 通信と呼ぶ）が使われる。このうち、V2X 通信では、通信セキュリティ
の仕組みを独自に作る必要があるため、日米欧でそれぞれ研究開発が進め
られた。

　V2X 通信は、主に自動車の安全性向上を目指し、高頻度（0.1 秒間隔）
で、自車位置、進行方向、速度などの情報を、周辺の車両等と相互に送り
合うことで、受信する車両側で、自車の周辺（数百 m）の車両の位置、進
行方向等を把握し、危険な状況があれば、運転者に情報を提供するしくみ
である。

6.1　国内の V2X 通信の状況

　日本では、760MHz 帯の 9MHz を使った V2X 通信（車車間通信、路
車間通信）の研究開発が進められた。2014 年度から、総務省が SIP の
一環として、「次世代 ITS の確立に向けた通信技術の実証」を実施している。
この中では、多数の周辺車両が存在する中で、状況変化に応じた車両の認

IoT 時代のサイバーセキュリティ　209

識・支援判断技術、状況との遅れ（差異）がなく、確実に情報を伝達するためのセキュリティ処理を含む情報伝達・処理技術などの通信プロトコルの開発が行われ、テストコースなどの再現可能な環境で検証が行われている。時々刻々と変化する交通状況や、緊急車両、一般車両などの多種多様な車両や多数の通信相手等が混在する公道において実証し、自動車の制御に反映するための車車間通信・路車間通信が協調して動作するメッセージセットの妥当性やアプリケーションの成立性、および実装したセキュリティの処理を含む遅延時間等、通信プロトコルについて検証が行われている。

また、通信セキュリティを含めた相互接続性の評価については、2014年度の総務省の車車間通信実証事業「次世代 ITS の確立に向けた通信技術に関する調査請負」で実施されている。これらの成果は、2015年3月に開催された一般公開講演会「情報通信が支える次世代の ITS」で報告されている[23]。

こうした技術検証を経て、V2X 通信が ITS Connect という名称で 2016年から実用化されている。車車間通信に加えて、路側アンテナが設置されている地点では、路車間通信と車車間通信が時分割で行われる。情報を受信した車両は、周辺の車両の位置、動きを判断し、必要に応じて運転者に注意喚起・通知を出す[24]。

2017年時点で、車車間通信を使って、緊急車両存在通知、通信利用型レーダークルーズコントロール、路車間通信で、右折時注意喚起、赤信号注意喚起、信号待ち発進準備案内、信号情報利用型エコアクセルガイドといったサービスが提供されている[25]。

6.2 国内の V2X 通信のセキュリティ

ITS 情報通信システム推進会議は 2011 年 4 月に、運転支援通信システムに関するセキュリティガイドライン（ITS FORUM RC-009）を発行している[26]。この中で、車車間通信においては、送信元が正しいこと、途中で改変されていないことなどを検証するために共通鍵暗号アルゴリズムによるメッセージ認証コード（Message Authentication Code ; MAC）を使用する。この方式は、処理負荷が軽い特徴がある。

6.3 欧米の V2X 通信の状況

米国では、自動車会社が中心となって CAMP（Crash Avoidance Metrics Partnership）が 1995 年にスタートし、その中で、VSC（Vehicle Safety Communication）が 2002 年に発足して、V2X 通信の開発がスタートした。欧州では、2005 年に C2C-CC（Car to Car Communication Consortium）が発足し、同様に V2X 通信の開発が始まった。

欧米では、V2X 通信に使用する電波は、5.9GHz 帯の 10MHz、7 チャネル（米国）3 チャネル（欧州）（それぞれ、1 チャネルは制御チャネル）の割り当てを受けている。欧米共に、各地で大規模な実証実験を実施し、実現性の検証を行っている。米国では、Safety Pilot Model Deployment として 2012 年から 1 年半にわたり、約 3,000 台の V2X 通信機が乗用車等に取り付けられ、データ収集が行われた[27]。米国の General Motors は 2017 年 3 月から、一部車種に V2X 通信システムを搭載している[28]。

6.4 欧米の V2X 通信のセキュリティ

　欧米では、メッセージの送信元が正当であることを証明するために、公開鍵暗号ベースの電子署名方式 PKI（Public Key Infrastructure）を使用する。単純な電子署名では、この署名を使って特定の自動車の追跡が可能になる。これを避けるために、固有の識別子を含まない Pseudonym（仮名）証明書と呼ばれる証明書を複数使う[29]。この Pseudonym（仮名）証明書を短時間（数分〜1日）で切り替えることで追跡を避ける仕組みになっている。

　米国では、不正なメッセージを発する端末（Misbehavior Terminal）を検出、無効化する仕組みを入れることになっている。2016 年の米国運輸省の担当者の報告では、2017 年に SCMS（Secure Credential Management System、鍵管理の仕組み）の Version 2.0 のコンセプト検証（PoC；Proof of Concept）を終了し、品質検証に移行する予定とのことである[30]。

　欧州では、無線区間のセキュリティだけではなく、無線機に位置情報、速度情報などを供給する車載システムを含めて、信頼性指標として TAL（Trust Assurance Level）を規定することを目指している[31]。

　公開鍵暗号を使う PKI では、端末側の処理負荷が高い。例えば、欧州では、自車周辺に 100 台程度の自動車が存在することを想定し、毎秒 1,000 メッセージの署名の検証を実施できることを目指しているが、これは容易ではない。2011 年から始まった Preserve プロジェクトでは、この目標を達成することを目指したが、最終報告会では、目標が達成できるとの見通しを示すに留まった[32]。

第 5 章　関連機関の取り組みの紹介

7 V2X 通信に関する国内外の標準化、ガイドライン、 規制の動向

7.1 国内の V2X 通信セキュリティに関する標準化

　国内の 760MHz 帯 V2X 通信のセキュリティに関しては、ITS 情報通信 システム推進会議が 2011 年 4 月に、運転支援通信システムに関するセキュ リティガイドライン（ITS FORUM RC-009）を発行している。この中で、車 車間通信においては、送信元が正しいこと、途中で改変されていないことな どを検証するために共通鍵暗号アルゴリズムによるメッセージ認証コード (Message Authentication Code；MAC) を使用する。この方式は、処理 負荷が軽いことが特徴である。総務省は、2014 年 2 月に情報セキュリティ アドバイザリーボード ITS セキュリティ検討グループを設置し、ITS FORUM RC-009 をベースに V2X 通信セキュリティに関する検討を進め、2014 年 6 月 20 日には、「700MHz 帯安全運転支援システムのセキュリティ要求事項」 を発表している [33]。

　この文書は、700MHz 帯安全運転支援システムが提供するサービスの信 頼性確保に必要なセキュリティのうち、通信システムのセキュリティに関する 基本方針や要求事項、および要求事項の 1 つである通信情報の機密性維 持・真正性、および完全性確認に必要なセキュリティ情報の生成・発行・ 配布・保管などの管理・運用を実施する情報運用管理システムのセキュリティ に関する基本方針および要求事項が記述されている。要求事項に基づいて 700MHz 帯安全運転支援システムを構築するための指針として、2015 年 7 月 9 日に「700MHz 帯安全運転支援システム構築のためのセキュリティガイ

IoT 時代のサイバーセキュリティ　213

ドライン」を発行している[34]。

7.2 欧米の V2X 通信セキュリティに関する標準化

　日本と欧米とでは、V2X 通信セキュリティが異なる。欧米では、より堅牢

表3 ETSI で策定中・策定済みの V2X 通信セキュリティ関連規格[36]

規格文書名	Security; Stage 3 mapping for IEEE 1609.2	セキュリティサービスと アーキテクチャ	脅威分析 (TVRA)
番号	TS 102867	TS 102731	TS 102893
状態	2012.6 発行	2010.9 発行	2010.3 発行
内容	IEEE1609.2 と ETSI 規格の過不足分析	セキュリティアーキテクチャ	脅威分析

規格文書名	SAP (サービスアクセスポイント)		
	; ファシリティ層	; 対ネットワーク, トランスポート層	; 対アクセス層
番号	TS 102723 -9	TS 102723 -8	TS 102723 -7
状態	策定中	2016.4 発行	策定中
内容	セキュリティサービス－ファシリティ層の間を規定	セキュリティ層とネットワーク・トランスポート層間を規定	セキュリティ層とアクセス層間を規定

規格文書名	秘匿性サービス	トラストとプライバシマネジメント	アクセス制御
番号	TS 102943	TS 102941	TS 102942
状態	2012.6 発行	2012.6 発行	2012.6 発行
内容	秘匿性に関するサービスを規定	プライバシ保護した PKI の仕組み定義	アクセス制御を規定

規格文書名	セキュリティアーキテクチャ, マネジメント	ITS GS セキュリティヘッダと証明書フォーマット
番号	TS 102940	TS 103097
状態	2012.6 発行	2013.4 発行
内容	ITS セキュリティアーキテクチャ規定	セキュリティヘッダを規定

[出典] ETSI 資料より編集

な公開鍵暗号方式（Public Key Infrastructure）をベースに、自動車のトラッキング（追跡）を防止するための仕組みを追加したセキュリティシステムが規格化されている。このシステムに関して標準化に関わっている団体は、米国の IEEE（Institute of Electrical and Electronic Engineers）、欧州の ETSI(European Telecommunications Standards Institute) ならびに ITU（International Telecommunication Union）である。

V2X 通信のセキュリティの標準化に関しては、米国の電気・電子関係学会である IEEE が規格を策定し、国際的に受け入れられている。

IEEE 1609.2-2016 － IEEE Standard for Wireless Access in Vehicular Environments -- Security Services for Applications and Management Messages[35]

欧州では、通信関係の標準化団体 ETSI（European Telecommunications Standards Institute）が、IEEE1609.2 を基本的に採用して、これを補完する形で、独自規格を発行している（**表 3**）。

7.3 ITU における V2X 通信標準化

国際電気通信連合（ITU) では、通信の標準化ならびにセキュリティの標準化が行われている。

電波に関する標準化を担当する ITU-R では、2017 年に ITU-R M2228-1 という勧告を発行している。この中で、日本の 760MHz 帯の V2X 通信と、欧州の 5.9GHz 帯 V2X 通信などについて記述している[37]。

電気通信を担当する ITU-T では、SG17（セキュリティ）の検討グループで、V2X 関連のセキュリティの勧告の策定作業が行われている。2017 年現在、

検討されている勧告案は以下の 2 件である[38]。

- X.1373：Secure software update capability for intelligent transportation system communication devices
- X.itssec-2：Security guidelines for V2X communication systems

X.1373 は、自動車向けのソフトウェア／ファームウェアの無線による更新に関するセキュリティを対象としている。2017 年に標準化の議論が終わり、勧告として発行された。X.itssec-2 は V2X 通信システムに対するガイドラインを提供する勧告案で、2017 年現在審議中である。

＜伊藤　寛＞

【参考文献】

1) K. Koscher et al. : Experimental Security Analysis of a Modern Automobile

http://www.autosec.org/pubs/cars-oakland2010.pdf

2) C. Miller and C. Valasek : Remote Exploitation of an Unaltered Passenger Vehicle

http://illmatics.com/Remote%20Car%20Hacking.pdf

3) NHTSA Recall ref #15V461000

http://www.jeepproblems.com/recalls/Grand_Cherokee/2015/

4) IPA Web ページ

http://www.ipa.go.jp/security/fy20/reports/embedded/

5) IPA Web ページ

https://www.ipa.go.jp/security/iot/emb_car2.html

6) https://www.ipa.go.jp/files/000034668.pdf

7) 自動車技術会 出版案内

https://tech.jsae.or.jp/hanbai/list.aspx?category=522

8) JasPar Web ページ（ドキュメント名のみ）

https://www.jaspar.jp/guide/output.html

9) Monoist 車載セキュリティ JasPar インタビュー

http://monoist.atmarkit.co.jp/mn/articles/1606/20/news051_3.html

10) https://www.ccds.or.jp/public_document/index.html

11) http://www.sip-adus.jp/rd/h27/economy.html

12) EVITA プロジェクト Web ページ

https://www.evita-project.org/

13) TCG Web ページ

https://trustedcomputinggroup.org/tcg-tpm-2-0-library-profile-automotive-thin/

14) SAE Web ページ

http://standards.sae.org/wip/j3061/

15) SAE Web ページ

http://standards.sae.org/wip/j3101/

16) NHTSA Web ページ

https://www.nhtsa.gov/sites/nhtsa.dot.gov/files/documents/812333_cybersecurityformodernvehicles.pdf

17) UNECE WP29 Wiki ページ　CS/OTA 13th session　GRVA-01-xx (UN TF-CS_OTA)

Final Draft Recommendation on Cyber Security incl. Annex A-D. docx https://wiki.unece.org/pages/viewpage.action?pageId=60362218

18) Principles of cyber security for connected and automated vehicles

https://www.gov.uk/government/publications/principles-of-cyber-security-for-connected-and-automated-vehicles

19) Auto ISAC Web ページ

https://www.automotiveisac.com/best-practices/

20) Global Automaker Web ページ

https://www.globalautomakers.org/system/files/document/attachments/framework.autocyberbestpractices.14jan20161.pdf

21) Autosar Web ページ

https://www.autosar.org/fileadmin/files/standards/classic/4-2/main/auxiliary/AUTOSAR_RS_Features.pdf

22) ISO Web ページ

https://www.iso.org/standard/70918.html

23) 一般公開講演会「情報通信が支える次世代の ITS」Web ページ

http://mic-its-conference-2015.net/

24) ITS Connect Web ページ

https://www.itsconnect-pc.org/about_its_connect/service.html

25) トヨタ自動車 Web ページ

http://toyota.jp/technology/safety/itsconnect/

26) 運転支援通信システムに関するセキュリティガイドライン　ITS FORUM RC-009 1.0 版

http://www.itsforum.gr.jp/Public/J7Database/p41/ITS_FORUM_RC009V1_0.pdf

27) NHTSA レポート

https://www.nhtsa.gov/sites/nhtsa.dot.gov/files/812171-safetypilotm
odeldeploydeltestcondrtmrep.pdf

28) GM プレスリリース 2017 年 3 月 9 日

https://www.gm.com/mol/m-2017-mar-0309-v2v.html

29) C2C-CC 資料

https://www.car-2-car.org/fileadmin/user_upload/Forum_2012/
Workshop2_Pilot_PKI.pdf

30) Kevin Gay, ITS JPO、US DoT 2016

https://www.its.dot.gov/pilots/pdf/ITSA2016_security_Gay.pdf

31) Stefac Goetz, C2C-CC Forum 2012 資料

https://www.car-2-car.org/fileadmin/user_upload/Forum_2012/
Workshop4_operational_Security.pdf

32) Martin Moser : The PRESERVE V2X Security Subsystem, June 18th
2015

https://www.preserve-project.eu/sites/preserve-project.eu/files/
preserve-ws-03-vss.pdf

33) 総務省 Web ページ

http://www.soumu.go.jp/menu_news/s-news/01ryutsu03_02000076.
html

34) 総務省 Web ページ

http://www.soumu.go.jp/menu_news/s-news/01ryutsu03_02000097.
html

35) IEEE Standards Association Web ページ

https://standards.ieee.org/findstds/standard/1609.2-2016.html

36) ETSI Web ページ

http://www.etsi.org/standards

37) ITU-R

https://www.itu.int/dms_pub/itu-r/opb/rep/R-REP-M.2228-1-2015-PDF-E.pdf

38) ITU-T SG17 Web ページ

https://www.itu.int/ITU-T/workprog/wp_search.aspx?sg=17

索引

英数記号

1:N 方式	46
ATC	39
ATS	39
BlackEnergy	79
CAN	204
CIA	67,103,201
ConPaS	191
CSMS	28,107
CTC	39
DCS	33,52,68,118,141
DMZ	35,134
ECU	202
EDSA	28,116
False Negative	127
False Positive	127
FMEA	108
FTA	108
Gateway	203
Havex	78
HAZOP	108
HMI	32,52,129,133,141
HSE	28,67,107
ICS-CERT	181
IDS	114
Industroyer	80
IPS	114,121
ISAC	96
IVI	203
J-CSIP	170
OBD Port	203
OPC	36,78
PDCA	28,106
PLC	33,68,111,129,133
PLC-Blaster	94
PLC 方式	47
PoC	106
QDC	108
RPC	39
SHODAN	95,193
SIG	170
SPA	15
Stuxnet	22,77,103,115,161,186
TSUBAME	184
V2X	199
V2X 通信機	203

あ行

アノマリベース	123
暗号化	23
ウイルス	76
運行管理システム	38

か行

仮想化	24
可用性	67
監視	24
完全性	67
機密性	67
脅威	66
現場エリア	43

IoT時代のサイバーセキュリティ　221

攻撃	74	ディスクリート制御	36
攻撃者	74	電力 ISAC	23
攻撃パターン	75		
コントローラ	33		

な行

認証	24
ネットワーク	33
ネットワークベース	125

さ行

サイバー攻撃早期認識システム（CAeRS）	142
シグネチャベース	123
事後対策	111
事前対策	110
事中対策	111
遮断	24
情報エリア	42
情報セキュリティ早期警戒パートナーシップ	167
処理	24
ステートフルベース	123
スパイウェア	76
スマートメーター	45
制御	14
制御エリア	43
脆弱性	66
脆弱性対策情報データベース	168
セキュリティパッチ	68
早期警戒技術	138

は行

バッチ制御	37
汎用プロトコル	70
フィールド機器	33
フィールドデバイス	53
ブラックリスト方式	126
プロセス制御	36
ベイジアンネットワーク	146
ヘテロ化	25
保安システム	38
ホストベース	125
ホワイトリスト	116,120
ホワイトリスト方式	126

ま行

マルウェア	76
無線マルチホップ方式	46

た行

蓄積	24
通信	24

や行

ユーザーインターフェース	156

ら行

ランサムウェア	41,102,113,188
リスク分析	107
リモートメンテナンス	140
レガシー OS	68
ログ	113

わ行

ワーム	76

IoT時代のサイバーセキュリティ
制御システムの脆弱性検知と安全性・堅牢性確保

発　行　日	2018年11月21日初版 第 1 刷発行	
編　　　者	技術研究組合 制御システムセキュリティセンター (CSSC)	
発　行　者	吉田 隆	
発　行　所	株式会社エヌ・ティー・エス	
	東京都千代田区北の丸公園 2-1 科学技術館 2 階	
	〒 102-0091	
	TEL　03(5224)5430	
	http://www.nts-book.co.jp/	
装　　　丁	原島 広至	
D　T　P	田中 李奈	
印　　　刷	日本ハイコム株式会社	

©2018　技術研究組合制御システムセキュリティセンター （CSSC）
ISBN978-4-86043-539-4 C3004
乱丁・落丁本はお取り替えいたします。無断複写・転載を禁じます。
定価はカバーに表示してあります。
本書の内容に関し追加・訂正情報が生じた場合は、当社ホームページにて掲載いたします。
※ホームページを閲覧する環境のない方は当社営業部(03-5224-5430)へお問い合わせ下さい。